AF283456

Aplicación de conceptos básicos de la teoría de género y del lenguaje no sexista

Armonía Naranjo Pera

ic editorial

Aplicación de conceptos básicos de la teoría de género y del lenguaje no sexista

© Armonía Naranjo Pera

1ª Edición

© IC Editorial, 2024

Editado por: IC Editorial
c/ Cueva de Viera, 2, Local 3
Centro Negocios CADI
29200 Antequera (Málaga)
Teléfono: 952 70 60 04
Fax: 952 84 55 03
Correo electrónico: iceditorial@iceditorial.com
Internet: www.iceditorial.com

ISBN: 978-84-1184-443-7
Depósito Legal: MA 2560-2024

Impresión: PODiPrint
Impreso en Andalucía – España

Nota de la editorial: IC Editorial pertenece a Innovación y Cualificación S. L.

Presentación del manual

El **Certificado de Profesionalidad** es el instrumento de acreditación, en el ámbito de la Administración laboral, de las cualificaciones profesionales del Catálogo Nacional de Cualificaciones Profesionales adquiridas a través de procesos formativos o del proceso de reconocimiento de la experiencia laboral y de vías no formales de formación.

El elemento mínimo acreditable es la **Unidad de Competencia.** La suma de las acreditaciones de las unidades de competencia conforma la acreditación de la competencia general.

Una **Unidad de Competencia** se define como una agrupación de tareas productivas específica que realiza el profesional. Las diferentes unidades de competencia de un certificado de profesionalidad conforman la **Competencia General,** definiendo el conjunto de conocimientos y capacidades que permiten el ejercicio de una actividad profesional determinada.

Cada **Unidad de Competencia** lleva asociado un **Módulo Formativo,** donde se describe la formación necesaria para adquirir esa **Unidad de Competencia,** pudiendo dividirse en **Unidades Formativas.**

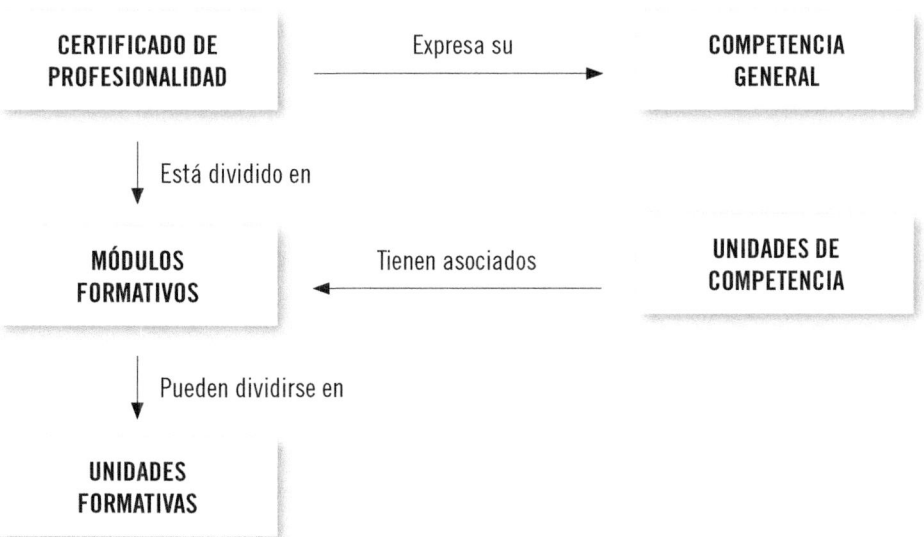

El presente manual desarrolla la Unidad Formativa **UF2683: Aplicación de conceptos básicos de la teoría de género y del lenguaje no sexista,**

perteneciente a los Módulos Formativos:

- **MF1453_3: Comunicación con perspectiva de género.**
- **MF1454_3: Participación y creación de redes con perspectiva de género.**
- **MF1582_3: Promoción para la igualdad efectiva de mujeres y hombres en materia de empleo.**
- **MF1583_3: Acciones para la igualdad efectiva de mujeres y hombres.**
- **MF1584_3: Detección, prevención y acompañamiento en situaciones de violencia contra las mujeres,**

asociados a las unidades de competencia:

- **UC1453_3: Promover y mantener canales de comunicación en el entorno de intervención, incorporando la perspectiva de género.**
- **UC1454_3: Favorecer la participación de las mujeres y la creación de redes estables que, desde la perspectiva de género, impulsen el cambio de actitudes en la sociedad y el «empoderamiento» de las mujeres,**
- **UC1582_3: Detectar e informar a organizaciones, empresas, mujeres y**
- agentes del entorno de intervención sobre relaciones laborales y la creación, acceso y permanencia del empleo en condiciones de igualdad efectiva de mujeres y hombres
- **UC1583_3: Participar en la detección, análisis, implementación y evaluación de proyectos para la igualdad efectiva de mujeres y hombres**
- **UC1584_3: Detectar, prevenir y acompañar en el proceso de atención a situaciones de violencia ejercida contra las mujeres**

del Certificado de Profesionalidad **Promoción para la igualdad efectiva de mujeres y hombres.**

MF1453_3

Comunicación con perspectiva de género

Tiene asociado el

UNIDAD DE COMPETENCIA UC1453_3

Promover y mantener canales de comunicación en el entorno de intervención, incorporando la perspectiva de género

Compuesto de las siguientes
UNIDADES FORMATIVAS

UF2683
Aplicación de conceptos básicos de la teoría de género y del lenguaje no sexista

UNIDAD FORMATIVA DESARROLLADA EN ESTE MANUAL

UF2684
Procesos de comunicación con perspectiva de género en el entorno de intervención

MF1454_3

Participación y creación
de redes con
perspectiva de género

Tiene
asociado el

**UNIDAD DE COMPETENCIA
UC1454_3**

Favorecer la participación de las
mujeres y la creación de redes
estables que, desde la perspectiva
de género, impulsen el cambio
de actitudes en la sociedad y el
«empoderamiento» de las mujeres

Compuesto de las siguientes
UNIDADES FORMATIVAS

UF2683
Aplicación de conceptos básicos de la teoría
de género y del lenguaje no sexista

UNIDAD
FORMATIVA
DESARROLLADA
EN ESTE MANUAL

UF2685
Procesos de participación de mujeres
y hombres y creación de redes para
el impulso de la igualdad

MF1582_3

Promoción para la igualdad efectiva de mujeres y hombres en materia de empleo

Tiene asociado el ←

UNIDAD DE COMPETENCIA UC1582_3

Detectar e informar a organizaciones, empresas, mujeres y agentes del entorno de intervención sobre relaciones laborales y la creación, acceso y permanencia del empleo en condiciones de igualdad efectiva de mujeres y hombres

Compuesto de las siguientes
UNIDADES FORMATIVAS

UF2683
Aplicación de conceptos básicos de la teoría de género y del lenguaje no sexista

UNIDAD FORMATIVA DESARROLLADA EN ESTE MANUAL

UF2686
Análisis del entorno laboral y gestión de relaciones laborales desde la perspectiva de género

MF1583_3

Acciones para la igualdad efectiva de mujeres y hombres

Tiene asociado el

UNIDAD DE COMPETENCIA UC1583_3

Participar en la detección, análisis, implementación y evaluación de proyectos para la igualdad efectiva de mujeres y hombres

Compuesto de las siguientes
UNIDADES FORMATIVAS

UF2683
Aplicación de conceptos básicos de la teoría de género y del lenguaje no sexista

UNIDAD FORMATIVA DESARROLLADA EN ESTE MANUAL

UF2687
Análisis y actuaciones en diferentes contextos de intervención (salud y sexualidad, educación, ocio, deporte, conciliación de la vida personal, familiar y laboral, movilidad y urbanismo y gestión de tiempos)

MF1584_3

Detección, prevención y acompañamiento en situaciones de violencia contra las mujeres

Tiene asociado el

UNIDAD DE COMPETENCIA UC1584_3

Detectar, prevenir y acompañar en el proceso de atención a situaciones de violencia ejercida contra las mujeres

Compuesto de las siguientes
UNIDADES FORMATIVAS

UF2683
Aplicación de conceptos básicos de la teoría de género y del lenguaje no sexista

UNIDAD FORMATIVA DESARROLLADA EN ESTE MANUAL

UF2687
UF2688: Análisis y detección de la violencia de género y los procesos de atención a mujeres en situaciones de violencia

FICHA DE CERTIFICADO DE PROFESIONALIDAD

(SSCE0212) PROMOCIÓN PARA LA IGUALDAD EFECTIVA DE MUJERES Y HOMBRES (R. D. 990/2013, de 13 de diciembre)

COMPETENCIA GENERAL: Detectar situaciones de desigualdad, visibilizándolas ante el conjunto de la sociedad, trabajando en su prevención y en su erradicación en colaboración con el equipo de intervención, las instituciones y los agentes sociales, y potenciando la participación ciudadana de las mujeres, así como la articulación de procesos comunitarios enfocados hacia su «empoderamiento».

Cualificación profesional de referencia		Unidades de competencia	Ocupaciones o puestos de trabajo relacionados:
SSC451_3: PROMOCIÓN PARA LA IGUALDAD EFECTIVA DE MUJERES Y HOMBRES (R. D. 1096/2011, de 22 de julio)	UC1453_3	Promover y mantener canales de comunicación en el entorno de intervención, incorporando la perspectiva de género	• 37141017 Promotor/a de igualdad de oportunidades entre mujeres y hombres • Técnico/a de apoyo en materia de igualdad efectiva de mujeres hombres • Promotor/a para la igualdad efectiva de mujeres y hombres • 37131041 Promotores de igualdad de oportunidades, en general
	UC1454_3	Favorecer la participación de las mujeres y la creación de redes estables que, desde la perspectiva de género, impulsen el cambio de actitudes en la sociedad y el «empoderamiento» de las mujeres	
	UC1582_3	Detectar e informar a organizaciones, empresas, mujeres y agentes del entorno de intervención sobre relaciones laborales y la creación, acceso y permanencia del empleo en condiciones de igualdad efectiva de mujeres y hombres	
	UC1583_3	Participar en la detección, análisis, implementación y evaluación de proyectos para la igualdad efectiva de mujeres y hombres	
	UC1584_3	Detectar, prevenir y acompañar en el proceso de atención a situaciones de violencia ejercida contra las mujeres	

Correspondencia con el Catálogo Modular de Formación Profesional

Módulos certificado	Unidades formativas	Horas
MF1453_3: Comunicación con perspectiva de género	UF2683: Aplicación de conceptos básicos de la teoría de género y del lenguaje no sexista	60
	UF2684: Procesos de comunicación con perspectiva de género en el entorno de intervención	80
MF1454_3: Participación y creación de redes con perspectiva de género	UF2683: Aplicación de conceptos básicos de la teoría de género y del lenguaje no sexista	60
	UF2685: Procesos de participación de mujeres y hombres y creación de redes para el impulso de la igualdad	70
MF1582_3: Promoción para la igualdad efectiva de mujeres y hombres en materia de empleo	UF2683: Aplicación de conceptos básicos de la teoría de género y del lenguaje no sexista	60
	UF2686: Análisis del entorno laboral y gestión de relaciones laborales desde la perspectiva de género	90
MF1583_3: Acciones para la igualdad efectiva de mujeres y hombres	UF2683: Aplicación de conceptos básicos de la teoría de género y del lenguaje no sexista	60
	UF2687: Análisis y actuaciones en diferentes contextos de intervención (salud y sexualidad, educación, ocio, deporte, conciliación de la vida personal, familiar y laboral, movilidad y urbanismo y gestión de tiempos)	80
MF1584_3: Detección, prevención y acompañamiento en situaciones de violencia contra las mujeres	UF2683: Aplicación de conceptos básicos de la teoría de género y del lenguaje no sexista	60
	UF2688: Análisis y detección de la violencia de género y los procesos de atención a mujeres en situaciones de violencia	70
MP0561: Módulo de prácticas profesionales no laborales		120

Índice

Capítulo 6
Elementos estructurales que determinan situaciones de violencia de género

Capítulo 1
Análisis de la información desde la perspectiva de género

Contenido

1. Introducción

Para resolver un problema hay que tener conciencia de que el problema existe: la sociedad necesita visibilizar las desigualdades de género para poder intervenir en ellas, con el fin de erradicarlas y minimizar sus daños.

Las personas profesionales en materia de igualdad tienen, entre sus objetivos, sacar a la luz las situaciones de discriminación e intervenir en ellas: no es posible acabar con estas desigualdades y discriminaciones si no son percibidas como un fenómeno que afecta gravemente a la sociedad, especialmente a las mujeres.

Un proyecto, una política o una intervención no tendrán éxito si no se hace un diagnóstico de partida eficiente y realista. Para ello, es necesario analizar la información desde la perspectiva de género: así se garantiza una representación objetiva de la realidad, donde se muestran las necesidades e intereses de mujeres y hombres, teniendo en cuenta sus características y diferencias.

La información generada desde la perspectiva de género es la herramienta fundamental para explicar las relaciones entre sexos, así como los procesos y las causas que producen las situaciones de desigualdad: supone una mirada crítica que pretende incidir en la realidad para cambiarla.

2. Caracterización del sistema patriarcal y la distribución del poder

Todos los sistemas de organización social tienen estructuras que disponen la distribución del poder y el acceso a los recursos para las personas. Estas estructuras son discriminatorias: la sociedad divide a las personas en grupos o categorías según sus características, marginando a unos grupos y otorgándoles privilegios a otros. En la sociedad se dan discriminaciones por sexo, raza, religión, sexualidad, posición socioeconómica y otras características. Para alcanzar una sociedad más justa, en cuestiones de género, es necesario comprender las discriminaciones que sufren las personas por pertenecer a un sexo y las estructuras sociales que permiten y reproducen estas desigualdades.

2.1. El sistema patriarcal o patriarcado

Literalmente, patriarcado significa "el gobierno de los padres". Pero el concepto social de patriarcado lo inventaron los movimientos feministas para definir el tipo de organización que tienen las sociedades, cuyos ámbitos de poder son controlados por hombres, de forma absoluta o mayoritaria: los varones son los dirigentes en el ámbito político, económico, religioso y militar. Estas sociedades han desarrollado unas estructuras y unas prácticas que favorecen el acceso a los varones a la toma de decisiones y al poder.

El sistema patriarcal es una estructura social jerárquica que sitúa a los varones por encima de las mujeres. Esta estructura se basa en un conjunto de ideas, prejuicios, símbolos, costumbres y leyes en las que lo masculino domina y oprime a lo femenino.

El patriarcado es una forma de organización social que se ha dado históricamente en las comunidades de todos los tiempos. Es tan antigua y compleja que está incrustada en todas las sociedades, incluida la sociedad actual, pero el cambio de actitudes y la crítica ética pueden hacer tambalear sus estructuras.

Aunque los efectos del patriarcado alcanzan a hombres y mujeres, el eje común del sistema patriarcal es el pensamiento misógino. La misoginia es un sentimiento de desprecio a lo femenino y a la mujer que la sitúa en una posición inferior a la del varón.

 Sabía que...

Tradicionalmente en España el primer apellido ha sido el heredado por parte del padre. La única forma de que perdurara un apellido era tener un hijo varón. Los de las madres, en segundo lugar, se perdían. Esta es una costumbre patriarcal. A partir de la entrada en vigor de la Ley 40/1999, de 5 de noviembre, sobre nombre y apellidos y orden de los mismos, se permite la elección del orden de los apellidos con el acuerdo de padre y madre y se regulan otras situaciones relacionadas.

Son muchos los aspectos en los que se manifiesta el patriarcado, distinguiéndose los patriarcados de coerción y los patriarcados de consentimiento.

Los patriarcados de coerción tienen unas normas extremadamente rígidas para los roles de hombres y mujeres, y castigan duramente al desobedecerlas.

 Sabía que...

En Irán existe la llamada "policía de la moral": se encarga de aplicar un estricto código sobre la ropa que deben llevar las mujeres por la calle. Pueden obligar a las mujeres a que se coloquen correctamente el *hiyab* (pañuelo para la cabeza) para que no se les vea el pelo, se fijan en si las túnicas tienen suficiente longitud para que no se les vean los tobillos y no les permiten llevar maquillaje.

Los patriarcados de consentimiento se dan en las sociedades avanzadas. Los roles de género son más flexibles y no está penado salirse de ellos, sino que las personas desean cumplir con esos roles para encajar en la sociedad.

2.2. Medios de transmisión de los valores patriarcales

El sistema patriarcal tiene una tradición muy antigua que se ha transmitido (y se sigue transmitiendo) a través de los siguientes medios:

- **La educación formal:** en la educación reglada androcéntrica (colegios, institutos, universidades) el conocimiento es expresado a través de los logros de los hombres. Las figuras importantes que se estudian en historia, literatura, arte y ciencia son varones, invisibilizando y ocultando a las figuras femeninas.
- **La educación informal:** en los medios de comunicación y la publicidad se refuerza la imagen de la mujer como objeto sexual, encargada del trabajo doméstico y en continua insatisfacción con su cuerpo.

- **La estructura de la familia patriarcal:** los papeles tradicionales de hombres y mujeres en la familia son aprendidos por hijos e hijas, reproduciendo estos modelos de generación en generación.
- **El conocimiento desde una perspectiva androcéntrica:** ciencia, arte, literatura y demás ramas de conocimiento que pueden parecer neutras, están masculinizadas y dirigidas al varón.
- **Las religiones:** han contribuido a mantener el orden jerárquico patriarcal y los prejuicios machistas, limitando y excluyendo la participación de las mujeres. Reproducen estereotipos femeninos ligados a la sexualidad y la reproducción, la pureza, la fidelidad y el matrimonio.

 Actividades

1. Escriba en un buscador de internet "el mejor cocinero del mundo". Observe los resultados. Después busque "la mejor cocinera del mundo". Compare los resultados. A pesar de que muchas son las mujeres amas de casa que cocinan, ¿quiénes son los personajes reconocidos dentro del mundo de la gastronomía? ¿A qué cree que es debido?
2. Haga una lista con 10 mujeres políticas, 10 escritoras, 10 filósofas, 10 pintoras y 10 científicas. ¿Son tan conocidas como sus homólogos hombres? ¿Conocía el nombre de estas mujeres antes de hacer estas listas o ha tenido que investigar?

2.3. Mecanismos de perpetuación del sistema patriarcal

El sistema patriarcal tiene sus propias herramientas para perpetuarse: una serie de mecanismos a través de los cuales mantiene su poder, incrustados en las sociedades con la finalidad de mantener los privilegios que estructuralmente se le permiten al varón.

A continuación, se exponen las principales causas que sostienen el sistema patriarcal.

Violencia estructural

La violencia contra las mujeres se ejerce de muy diversas formas, en diferentes situaciones, en prácticamente cualquier momento histórico y lugar del mundo: esto quiere decir que el fenómeno de la violencia contra la mujer está incrustado en las estructuras sociales.

Violencia simbólica

Las mujeres son víctimas no solo de agresiones físicas, sino también de la construcción de un universo cuyas violencias son simbólicas y que tienen como finalidad frenar las reivindicaciones. La violencia simbólica se ejerce relegando la identidad de las mujeres exclusivamente a lo biológico; oprimiéndolas para que tengan miedo de exigir sus derechos; ocultando los logros femeninos en el avance de la humanidad; promoviendo la naturalización de la violencia de género y ejerciendo control sobre la sexualidad femenina.

División sexual del trabajo

El sistema patriarcal, para mantenerse, necesita situar a la mujer en el ámbito reproductivo y al varón en el productivo. Las reivindicaciones de las mujeres han logrado hacerles un espacio en el campo de la formación y el empleo formal; sin embargo, el varón no ha hecho suyos en la misma medida el trabajo doméstico y la crianza. La incorporación de la mujer al trabajo la han llevado a tener la llamada "doble jornada": la que desarrolla en el empleo y la que sigue conservando en las tareas domésticas, de crianza y de cuidado de personas dependientes.

Distribución específica de los espacios

La ubicación de hombres y mujeres en la sociedad no solo se refiere a su posición, sino también a los espacios que ocupan, formando una geografía social de género: en los sistemas patriarcales hombres y mujeres hacen distinto uso del espacio social y privado.

El espacio social que el sistema patriarcal asigna a las mujeres es el espacio doméstico mientras los hombres son los encargados de los espacios públicos, que están mejor valorados socialmente. Estos espacios están jerarquizados, situando a las mujeres en posición de desventaja.

El espacio psicológico y el espacio físico que ocupa el cuerpo son considerados el espacio privado de una persona. Las formas de utilizar el cuerpo son diferentes para ellos y ellas. De las mujeres se espera que sean recatadas en la expresión corporal (por ejemplo, que crucen las piernas cuando llevan falda, que no hagan movimientos bruscos, que no alcen la voz). De los varones se espera que sean más expresivos físicamente (por ejemplo, que se sienten con las piernas abiertas, que hablen en voz alta, que den un buen apretón de manos). Además las mujeres no pueden mostrar su cuerpo en sociedad con la misma libertad que los hombres.

 Ejemplo

Existen playas en las que se prohíbe el topless para las mujeres, mientras que los hombres no tienen condiciones.

Uso discriminatorio del tiempo

La conciliación de las tareas reproductivas con las tareas laborales hace que la distribución del tiempo de la mujer sea circular: las tareas domésticas son infinitas, con gran cantidad de actividades que se superponen y no dejan tiempo para el esparcimiento, el descanso y el ocio. Sin embargo, el tiempo de los hombres es lineal: las tareas empiezan y terminan en algún punto del día, no dedicando tanto tiempo como las mujeres a las tareas reproductivas.

La educación sentimental

Es el proceso pedagógico vital en el que se construyen y toman forma los sentimientos. Hombres y mujeres reciben mensajes diferentes sobre cómo y qué deben sentir. A ellos no se les permite ser sentimentales, tienen como mandato ser enérgicos, fuertes y heroicos. A las mujeres se les induce a expresar qué sienten y darle mucho valor, a ser empáticas y reconocer los sentimientos de los demás.

En cuanto a las relaciones amorosas, la pareja heteropatriarcal se basa en la imposición de estos sentimientos, que son opuestos, por lo que tienen como resultado situaciones de desigualdad y son el origen de la violencia de género en pareja.

El uso androcéntrico del lenguaje

La realidad y las impresiones son expresadas a través del lenguaje y, a la vez, el lenguaje es capaz de modificar la realidad: lo que no puede ser nombrado no existe, y a las mujeres se las ha discriminado y ocultado en el lenguaje.

3. Aplicación del género como categoría de análisis o la perspectiva de género

La perspectiva de género es una mirada crítica con la que analizar y comprender las características que definen las relaciones entre sexos, las diferencias que hay entre mujeres y hombres en el acceso a los derechos y las situaciones de desigualdad que se producen, fundamentalmente, hacia las mujeres. Desde la perspectiva de género se puede reconocer la estructura jerárquica y desigual entre sexos, expresada en términos de opresión, injusticia, subordinación y discriminación genérica hacia las mujeres.

Durante mucho tiempo se ha tomado al hombre como referencia para interpretar la realidad y se ha ignorado y ocultado a la mujer. La perspectiva de género significa incluir a las mujeres en el análisis de la realidad, reconociendo que hombres y mujeres no tienen las mismas características y necesidades, que no acceden en igualdad a sus derechos y que no tienen las mismas oportunidades en el acceso a los bienes y recursos de la sociedad.

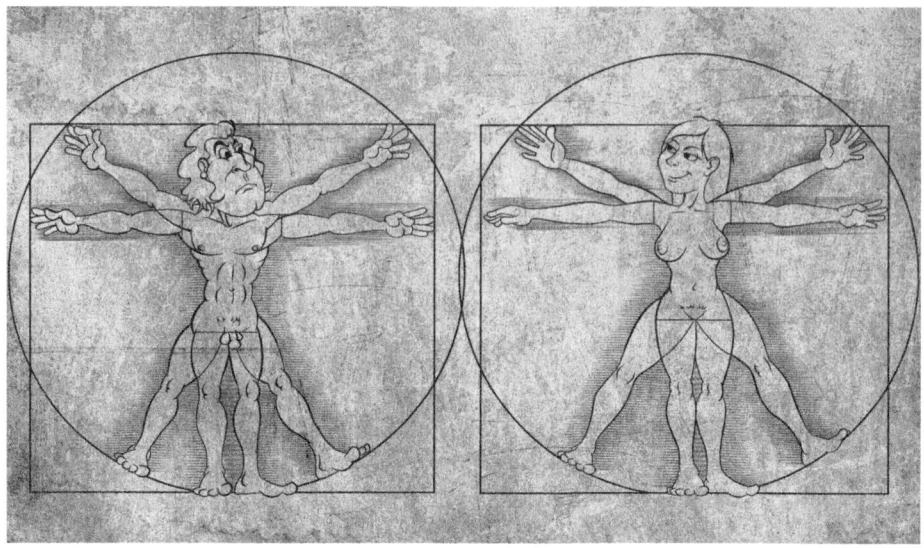

El sistema patriarcal ha tomado al hombre como medida de todas las cosas. La perspectiva de género incluye a la mujer en la interpretación de la realidad.

Incluir a las mujeres en la interpretación de la realidad implica una nueva configuración del mundo, una reinterpretación de la historia, la sociedad, la cultura y la política desde las mujeres y con las mujeres.

La perspectiva de género reconoce los mecanismos que mantienen la hegemonía masculina en el poder y tiene como objetivo transformar la sociedad: realizando una denuncia social sobre la asimetría entre sexos y proponiendo soluciones para eliminar las situaciones de discriminación y marginación que viven las mujeres.

Para aplicar la perspectiva de género en una acción o política hay que seguir los siguientes pasos:

- Análisis de las diferencias entre hombres y mujeres en cuanto a los índices de participación, las condiciones, el acceso a los recursos y al desarrollo, el acceso al poder y a la toma de decisiones o cualquier otro ámbito en el que existan diferencias.
- Análisis de las causas estructurales que causan las diferencias.
- Formulación de objetivos específicos y recursos destinados a disminuir o eliminar esas desigualdades.

- Diseño de estrategias tomando como referencia las conclusiones obtenidas.
- Evaluación del impacto que tienen las acciones o políticas en cada género.

En muchos contextos feministas se habla de las *gafas violetas,* como metáfora de la perspectiva de género: ponerse las *gafas violetas* significa interpretar el mundo desde la perspectiva de género, como si las gafas fueran el filtro para ver lo que no puede ser detectado a simple vista.

Las gafas violetas se utilizan como metáfora de la perspectiva de género.

A través de las *gafas violetas* se pueden ver las situaciones de discriminación y opresión que viven las mujeres. Cuando una persona se forma en feminismo y mira a través las *gafas violetas* comienza a interpretar todo lo que le rodea desde la perspectiva de género, de forma que ya no puede volver a atrás y ver las cosas como antes. El color violeta también es el color asociado a los movimientos feministas.

 Sabía que...

El concepto *gafas violetas* proviene de la novela *El diario violeta de Carlota,* de Gemma Lienas. En esta obra la protagonista juega a observar el mundo a través de unas gafas violetas que le permiten ver las situaciones de discriminación e injusticia que viven las mujeres.

Actividades

3. Desarrolle su propia definición del concepto *perspectiva de género*.

3.1. Funcionamiento del sistema sexo-género

Al comparar a hombres y mujeres la primera diferencia hace referencia a dos conceptos: el sexo y el género.

El concepto *sexo* indica las características biológicas, físicas y corporales que distinguen a hombres y mujeres. Son diferencias de carácter físico.

El concepto *género* indica la construcción social relativa al sexo de las personas. Las culturas construyen marcos de referencia en cuanto al conjunto de ideas, creencias, representaciones y atribuciones sociales relativas a la diferencia sexual. Se refiere tanto a varones como a mujeres y es un concepto aprendido por las personas en un contexto concreto.

El concepto *género* no es invariable, sino que es diferente según las culturas y el momento sociohistórico. Hasta los años sesenta se utilizaban los conceptos *sexo* y *género* indistintamente, como si significaran lo mismo. No es hasta esta década que se perfila el concepto *género* y se utiliza de forma aplicada en los estudios sociológicos.

El sistema sexo-género es el conjunto de relaciones establecidas entre mujeres y hombres dentro de la sociedad. Este sistema define condiciones distintas en función del sexo y asigna a mujeres y hombres diferentes roles y posiciones dentro de la sociedad. Son las normas de lo obligado, permitido y prohibido para cada género.

Es un sistema dualista y discriminatorio que se apoya en la relación de la mujer con lo natural y biológico en contraposición con el hombre, relacionado con lo cultural y político. Sitúa a la mujer en el hogar, la crianza, el cuidado y el ámbito privado mientras sitúa al hombre en la economía, el poder, la política, el conocimiento y lo público, manteniendo una relación desigual de poder.

Recuerde

Sexo: características biológicas, físicas y corporales.
Género: construcción social relativa al sexo.

3.2. Definición de roles y estereotipos de género

La sociedad asigna a las personas diferentes tareas en función de su sexo. Para justificar estas diferencias fomenta modelos de ser hombre o de ser mujer que cumplan las características necesarias para desarrollar las tareas asignadas. Impone normas de conducta a través de los roles de género y apoya estas conductas con los estereotipos.

Roles de género

Rol es la posición de un individuo en una estructura social organizada. Constituye las responsabilidades y privilegios propios de esa situación así como las reglas de conducta. Los roles de género son los que están determinados por el sexo dentro de la sociedad.

Los roles de género se sustentan en la falsa creencia de que cada sexo está orientado, por naturaleza, a unas actividades determinadas. Para justificar esta división social de roles se han atribuido diferencias psicológicas atendiendo al sexo. Esta es una de las formas en las que se crean los estereotipos de género.

Los roles tradicionales asignan al varón el trabajo fuera de casa, ya que lo caracterizan como enérgico y racional, orientado al trabajo. A la mujer la sitúan en el hogar y la crianza, porque la caracterizan como sensible, cálida y orientada al cuidado de los demás. No hay nada en la naturaleza que impida a los hombres formar parte del hogar y la crianza ni que impida a las mujeres ejercer el liderazgo y la actividad política y social. El mensaje de la sociedad patriarcal es que la mujer tiene que estar en el hogar porque su psicología, su forma de ser, hace que ella esté más cómoda en este espacio, como si la naturaleza la hubiera diseñado para esta finalidad.

 Sabía que...

Al investigar las diferencias psicológicas entre hombres y mujeres que pudieran justificar la elección de unos roles u otros, se han encontrado más puntos en común entre sexos que diferencias.

Estereotipos de género

Son un subtipo dentro de los estereotipos sociales y están determinados por el sexo. Un estereotipo de género es una imagen preconcebida de hombres y mujeres basada exclusivamente en el sexo, no teniendo en cuenta las individualidades.

Constituyen las características, rasgos y cualidades que la sociedad asigna a cada sexo: la idea, construida socialmente, sobre los comportamientos y sentimientos que deben tener hombres y mujeres y que ha sido transmitida de generación en generación.

 Ejemplo

Estereotipo de género: *Los niños no lloran.*

Los estereotipos de género están fuertemente enraizados en la sociedad y tienen una gran influencia en los individuos:

■ Marcan y controlan los diferentes comportamientos para hombres y mujeres.
■ Influyen en la conducta de las personas y en la imagen que tienen del mundo y de sí mismas.
■ Definen los referentes de masculinidad y feminidad.
■ Sancionan las actitudes que se salen de sus normas.

 Ejemplo

Cuando las personas se salen de los estereotipos de género, la sociedad los sanciona caracterizándolas, despectivamente, como "afeminados" o "machorras".

3.3. Detección, valoración y denuncia de los estereotipos sexistas

Los estereotipos de género están presentes en todo el mundo y presentan rasgos en común en todos los puntos geográficos: caracterizan a la mujer como sensible, dependiente y dedicada al cuidado, mientras caracterizan al hombre como dominante, independiente, orientado al trabajo y agresivo.

Son discriminatorios porque son excluyentes entre ellos: según los estereotipos sexistas, los hombres no hacen cosas de mujeres y viceversa, por lo que los ámbitos, posiciones y roles de ambos sexos quedan separados.

Además siempre, para hombre y mujer, se incluye una heterosexualidad obligatoria: los estereotipos no respetan la diversidad sexual.

Resumen de estereotipos sexistas de género		
Ámbito	Mujer	Hombre
Estabilidad emocional	Espontánea, caprichosa, sensible	Racional, decidido, firme
Agresividad	Débil, dominada, que usa estrategias psicológicas en lugar de físicas, tierna	Fuerte, que usa la confrontación física para resolver conflictos, violento
Cualidades intelectuales	Intuitiva, superficial, sensible	Inteligente, profundo, con espíritu emprendedor
Orientación afectiva	Heterosexual, con instinto maternal, no activa sexualmente	Heterosexual, activo sexualmente, fuerte impulso sexual
Mecanismos de control	Sumisa, diplomática, astuta, aceptación	Dominante, severo, disciplinado, autoridad
Deseo de poder	Abnegada, sin aspiraciones, débil	Inconformista, deseoso de poder y de éxito, fuerte
Autonomía	Dependiente, influenciable, necesitada de protección, pasiva	Independiente, amante del riesgo, patriota, activo

Con el tiempo, los estereotipos se naturalizan: dejan de ser cuestionados como construcciones sociales y pasan a ser considerados cualidades naturales tomadas como reales, por su antigüedad o por la tradición en la que se sustentan.

Los estereotipos sexistas se reproducen a través del lenguaje y las expresiones; los medios de comunicación y la publicidad; la literatura, el arte, el cine; los libros de texto, los cuentos, los juegos. Una de las labores de las personas profesionales en materia de igualdad de oportunidades es detectar los estereotipos de género en la sociedad y en el ámbito de la intervención, para no reproducirlos y para poder denunciarlos socialmente.

Estereotipos masculinos

Además de las características expuestas en la tabla anterior, se puede hablar de ciertos modelos estereotípicos masculinos, con características impuestas desde el sistema patriarcal. Estos modelos están marcados por:

- **La autosuficiencia:** los hombres no necesitan ayuda, son autosuficientes, buscan el éxito y el poder. Los valores masculinos son el egocentrismo, la ambición, la competencia y el derecho a imponer normas, así como la responsabilidad de ejercer control sobre su familia.
- **La heroicidad, la belicosidad:** el hombre es fuerte y valiente; defiende y ataca si es necesario. Puede usar la violencia para resolver conflictos.
- **La superioridad:** los hombres tienen que tener más derechos que las mujeres. Los hombres son heterosexuales. No tienen nada femenino y no deben realizar las actividades que hacen las mujeres. Los estereotipos masculinos castigan severamente a los hombres que se salen de sus normas, interpretando las diferencias como una traición al propio género.

Estereotipos femeninos

Especialmente en los medios de comunicación se observa la presencia de ciertos modelos estereotípicos femeninos, basados en el rol que ocupan las mujeres en la sociedad. A continuación se exponen estos modelos:

- **La abuelita previsora:** señora feliz por haber solucionado su porvenir. Se dedica al cuidado de la familia y representa a la mujer tradicional.
- **La ama de casa:** mujer cuyo objetivo es satisfacer al marido, hijos e hijas. Combina las tareas domésticas y la belleza. Sus cualidades son la constancia y la abnegación. Representa el hogar y lo permanente.
- **La triunfadora profesional:** mujer independiente cuyo éxito profesional está relacionado con su belleza y personalidad arrolladora.
- **La mujer objeto:** mujer sin personalidad ni identidad que se muestra como reclamo sexual, un cuerpo para atender las demandas sexuales masculinas. Puede adornar una situación con su belleza o servir de reflejo del éxito de un hombre.
- **La mujer complemento:** su vida gira en torno a satisfacer a un hombre, que la domina, a través del cuidado y la sensualidad.
- **La mujer fatal:** voluptuosa, sexi, misteriosa.
- **La mujer niña:** infantilizada, candorosa, corruptible.

Aplicación práctica

Indique qué roles y estereotipos de género aparecen en las portadas de los siguientes videojuegos:

Videojuegos de consola

Continúa en página siguiente >>

<< Viene de página anterior

SOLUCIÓN

Los juegos son "Imagina ser mamá", "Imagina ser diseñadora de moda", "Imagina ser cocinera" e "Imagina la boda perfecta". Todos los juegos se basan en roles atribuidos típicamente a las mujeres, relacionados con la maternidad, las actividades del hogar y el matrimonio. Solo relaciona a la mujer con el empleo en "Imagina ser diseñadora de moda", y sigue estando relacionado con una actividad muy feminizada. Los estereotipos que aparecen son el de la mujer tradicional con instintos maternales, y en el caso del juego de la boda, el de la heterosexualidad obligatoria. Se ha excluido a los hombres excepto en el juego de la boda, donde aparece como complemento, pues quien debe organizar la boda en el juego es ella. En el juego de la diseñadora, la portada muestra a una modelo *sexy* estereotipada, en lugar de mostrar a una mujer trabajando en el diseño de ropa.

 Actividades

4. La directora de la biblioteca de tu localidad está interesada en conocer la situación de su institución respecto a la igualdad de género. Busque en internet algún instrumento adecuado para ello y explique en qué consiste.
5. Realice un esquema con los estereotipos de género, diferenciando los masculinos y los femeninos.

---

4. Mecanismos de detección de la igualdad formal frente a la igualdad real de mujeres y hombres

La igualdad de trato para hombres y mujeres significa la ausencia de discriminación y a nivel jurídico se manifiesta como el derecho a la no discriminación por razón de sexo.

La igualdad formal se refiere a los principios de igualdad de género recogidos en la ley, ante la ley y en aplicación de la ley. Es el reconocimiento jurídico de la igualdad y el derecho a la igualdad de trato. Proporciona a ambos sexos los mismos derechos, oportunidades y obligaciones.

El mecanismo para alcanzar igualdad formal en España fue la Constitución de 1978, que impuso el derecho de igualdad para toda la ciudadanía sin hacer distinciones por sexo, religión, raza o cualquier otra razón. Pero el hecho de que exista el principio de igualdad desde la ley no significa que realmente desaparezcan las discriminaciones.

Mecanismos para alcanzar la igualdad formal

La igualdad real o efectiva supone la eliminación de discriminación de trato en cualquier ámbito. La ley impone la igualdad de trato, pero en la realidad se siguen dando discriminaciones hacia las mujeres. Por ejemplo, la ley prohíbe que las mujeres cobren menos que los hombres en un mismo puesto de trabajo. Sin embargo, la realidad es que existe una brecha salarial.

El principal mecanismo para detectar la igualdad real o efectiva de un país consiste en analizar las diferencias de mujeres y hombres (la brecha de género) en los siguientes aspectos:

- Salud reproductiva.
- Empoderamiento.
- Mercado laboral.
- Educación.
- Participación económica y política.

En España existen grandes desigualdades entre hombres y mujeres y no ha sido suficiente con alcanzar la igualdad ante la ley, es decir, la igualdad formal. El Gobierno reconoce que existe violencia de género, discriminación salarial, mayor desempleo femenino y otras grandes desigualdades. Reconociendo insuficiente la igualdad jurídica, toma una estrategia dual en la que se utilizarán medidas de acción y la incorporación del *mainstreaming* de género, presentando acciones y medidas, entre otras normas, en la Ley Orgánica 3/2007, de 22 de marzo, para la igualdad efectiva de mujeres y hombres. Además, la Ley 15/2022, de 12 de julio, integral para la igualdad de trato y la no discriminación, regula: "derechos y obligaciones de las personas, físicas o jurídicas, públicas o privadas, establece principios de actuación de los poderes públicos y prevé medidas destinadas a prevenir, eliminar, y corregir toda forma de discriminación, directa o indirecta, en los sectores público y privado".

Sabía que...

El grado de democracia que presenta un país se mide tomando como referencia el grado de igualdad que hay entre mujeres y hombres.

5. Identificación de los distintos tipos de discriminación producidos por razón de sexo

El término discriminación se refiere a dar un trato diferente; en el caso de la discriminación de género se refiere a dar un trato de inferioridad por pertenecer a un sexo.

En la **Ley Orgánica 3/2007, de 22 de marzo,** para la igualdad efectiva de mujeres y hombres, se consideran discriminaciones por sexo:

- El acoso sexual.
- El acoso por razón de sexo.
- Condicionar un derecho a una situación de acoso sexual o por razón de sexo.
- Cualquier trato que sea desfavorable hacia las mujeres, motivado por el embarazo o la maternidad.
- Cualquier trato adverso o efecto negativo producido como consecuencia de presentar una queja, reclamación, denuncia, demanda o recurso destinados a impedir una discriminación o a exigir la igualdad de trato.

5.1. Discriminación directa

Aquellas situaciones en las que las personas sufren discriminación, por el mero hecho de ser hombre o mujer, son consideradas discriminaciones directas por razón de sexo.

En muchos países, entre ellos España, la discriminación directa por razón de sexo está prohibida y penada. Según la Ley Orgánica 3/2007 de 22 de marzo, para la igualdad efectiva de mujeres y hombres, art.6.1:

Se considera discriminación directa por razón de sexo la situación en que se encuentra una persona que sea, haya sido o pudiera ser tratada, en atención a su sexo, de manera menos favorable que otra en situación comparable.

 Ejemplo

Una empresa no renueva el contrato a una trabajadora al quedarse embarazada: es un caso evidente de discriminación directa.

La situación de discriminación causada por el embarazo o la maternidad es considerada discriminación directa.

 Ejemplo

Despedir a una mujer por quedarse embarazada es un claro caso de discriminación directa por razón de sexo. Pero hay casos menos obvios: una trabajadora se queda embarazada y cuando está de baja la empresa promociona a todos sus compañeros, mientras ella, cuando regresa de la baja, sigue en la misma categoría. Es un caso de discriminación directa, motivada por el embarazo.

El concepto de discriminación directa se define también en la Ley 15/2022, de 12 de julio. En este caso, la norma amplía las causas por las que se puede producir, indicando entre otras, por razón de nacimiento, origen racial o étnico, edad, discapacidad, enfermedad o condición de salud, situación socioeconómica, etc.

La discriminación directa está cada vez menos presente en el campo laboral debido a la igualdad jurídica, de modo que las formas de exclusión o discriminación se van adaptando a las nuevas circunstancias.

5.2. Discriminación indirecta

Es la discriminación de un sexo a través de disposiciones, prácticas o criterios que, aunque puedan parecer neutros, causan situaciones discriminatorias, posicionando a un sexo en desventaja del otro.

Según la Ley Orgánica 3/2007, de 22 de marzo, para la igualdad efectiva de mujeres y hombres, art.6.2:

Se considera discriminación indirecta por razón de sexo la situación en que una disposición, criterio o práctica aparentemente neutros pone a personas de un sexo en desventaja particular con respecto a personas del otro, salvo que dicha disposición, criterio o práctica puedan justificarse objetivamente en atención a una finalidad legítima y que los medios para alcanzar dicha finalidad sean necesarios y adecuados.

La definición que recoge la 15/2022, de 12 de julio solo añade algunas causas más por las que se puede producir este tipo de discriminación y que están recogidas en el apartado primero del artículo 2.

Las formas de discriminación están evolucionando y dando lugar a nuevas situaciones. Es necesario no considerar solo la intención de las normativas o la acción, sino sobre todo tener en cuenta los efectos discriminatorios que tienen en la práctica.

Ejemplo

Un complejo hotelero ofrece un plus a su plantilla en las categorías laborales "cocineros", "camareros" y "camareros de piso". A la categoría "camareros de piso" les ofrece un plus inferior que a las demás. Un análisis de género saca a la luz que todas las personas de esta categoría son mujeres y que en las otras categorías solo hay hombres. Es un caso de discriminación indirecta por razón de sexo: aparentemente la discriminación se producía hacia una categoría laboral, pero en la práctica se estaba discriminando a las mujeres de la plantilla.

Actividades

6. Busque una noticia en la que se haya sancionado a una empresa por una discriminación de género. ¿Qué tipo de discriminación cometieron, directa o indirecta? ¿La empresa fue sancionada?

5.3. Interseccionalidad o discriminación múltiple

La discriminación múltiple o convergente es aquella situación en la que una persona sufre un trato discriminatorio por más de una razón.

Cuando la situación biopsicosocial se cruza con la variable género se produce una situación de múltiple vulnerabilidad. La raza, la etnia, la condición de migrante, la diversidad funcional son factores que al interrelacionarse con el género exponen a las mujeres al riesgo de la múltiple discriminación.

Ejemplo

El salario medio de las trabajadoras con discapacidad es menor que el de los trabajadores con discapacidad, menor que el de las trabajadoras sin discapacidad y menor que el de los trabajadores sin discapacidad.

Se da una discriminación salarial por dos motivos: por el género y por la situación biopsicosocial.

La discriminación múltiple no significa la suma de todas las causas que provocan la discriminación, sino que es más bien la interacción de dichas causas. Este tipo de discriminación es una de las más difíciles de detectar porque hay que comprobar que la situación de discriminación se produjo por, al menos, dos motivos.

Según el art. 6.3 b) de la Ley 15/2022, de 12 de julio, la discriminación interseccional se produce cuando se crea un tipo específico de discriminación a partir de la interacción de distintas causas.

Recuerde

La discriminación por razón de sexo está prohibida por la ley.

5.4. Discriminación por asociación y discriminación por error

La Ley 15/2022, de 12 de julio recoge en el apartado dos de su artículo 6 una nueva tipología de discriminación, ampliando así las definiciones dadas hasta el momento. Se trata de la discriminación por asociación y la discriminación por error.

La discriminación por asociación se produce cuando una persona o grupo sufre un trato discriminatorio por estar relacionada con otra en la que se da alguna de las siguientes causas de discriminación: "por razón de nacimiento, origen racial o étnico, sexo, religión, convicción u opinión, edad, discapacidad, orientación o identidad sexual, expresión de género, enfermedad o condición de salud, estado serológico y/o predisposición genética a sufrir patologías y trastornos, lengua, situación socioeconómica, o cualquier otra condición o circunstancia personal o social".

La discriminación por error es aquella que se basa en una apreciación incorrecta de las características del sujeto discriminado.

 ## Aplicación práctica

Suponga que colabora en un centro comunitario desde donde se detectan discriminaciones de género en algunas situaciones de las que tienen conocimiento. Indique qué tipo de discriminación se da en cada caso:

- **Caso 1: Una empresa tiene un sistema de promoción laboral para aquellas personas empleadas que trabajan a jornada completa y realizan cursos en la empresa fuera de su horario laboral. Se quedan fuera de estas promociones las mujeres que tienen reducción de jornada por maternidad.**
- **Caso 2. Una cofradía en la que participan hombres y mujeres no permite a las mujeres disfrutar de la comida que la hermandad celebra anualmente, según el reglamento interno de la cofradía.**
- **Caso 3. Un mundialito de fútbol en el que la final masculina se celebra en un estadio grande y popular mientras la final femenina se celebra en un estadio más pequeño. La entidad organizadora alega que los equipos masculinos son de 11 y los femeninos son de 7 y que el estadio grande está acondicionado para fútbol de 11 y el estadio pequeño para fútbol de 7.**
- **Caso 4. Un proceso de selección de animadoras de baloncesto municipal, que solicita mujeres de una edad y unas medidas físicas concretas.**
- **Caso 5. Una oferta de empleo anunciada en la prensa local en la que una empresa de servicios a domicilio solicita "personal femenino".**
- **Caso 6. Varias trabajadoras inmigrantes entran a trabajar a una empresa. El empresario se entera de que están casadas con magrebíes. Llevado por los prejuicios, no les renueva el contrato, desde la opinión de que las familias magrebíes tienen**

Continúa en página siguiente >>

<< Viene de página anterior

muchos hijos y pensando que tendrán muchas ausencias en el trabajo. Por otra parte, renueva el contrato a las trabajadoras nacionales.

SOLUCIÓN

Caso 1. Discriminación indirecta: la empresa propone unas condiciones para incentivar y promocionar que, aparentemente, son neutras. Cualquier persona trabajadora podría hacerlas. Pero el efecto es que los horarios de jornada reducida en caso de maternidad impiden a las mujeres madres acceder al sistema de incentivos.

Caso 2. Discriminación directa: discrimina a las mujeres a través de los estatutos internos.

Caso 3. Discriminación indirecta: aunque en principio la diferencia se basa en la categoría de los equipos, en la práctica el resultado es que discrimina a las mujeres.

Caso 4. Discriminación directa para los varones y discriminación múltiple para las mujeres. A los varones no se les permite participar y a las mujeres las discrimina por medidas físicas y edad, sin tener en cuenta sus capacidades de forma prioritaria.

Caso 5. Discriminación directa: se ha indicado explícitamente el sexo que deben tener las personas candidatas, lo que excluye al otro sexo.

Caso 6: Discriminación múltiple o convergente: las mujeres inmigrantes han sido discriminadas por su género (prejuicios por si son madres de muchos hijos) y por su situación social, en concreto por la etnia de sus maridos. En este caso también se da discriminación por asociación ya que el grupo de mujeres inmigrantes está siendo discriminado por el origen étnico de sus maridos (causa de discriminación de la persona con la que se relacionan).

---

6. Mecanismos educativos y su contribución en la construcción del género

Las personas aprenden los roles y pautas de comportamiento de lo masculino y lo femenino en la sociedad a través del proceso de socialización: los individuos, a través de la interacción con los demás, aprenden y hacen suyos los valores, actitudes, expectativas y comportamientos propios de la sociedad en la que viven, siendo la educación un elemento clave.

6.1. Socialización diferenciada de niños y niñas

La socialización diferenciada es el proceso a través del cual los individuos forman identidades diferentes dependiendo de su sexo. El sistema educativo, la familia, los medios de comunicación, el lenguaje y la religión imponen los roles y formas de comportamiento que han de tener hombres y mujeres de forma diferenciada en función de lo que la sociedad espera de cada sexo.

 Sabía que...

La socialización diferenciada se produce desde antes del nacimiento mismo de las personas: hombres y mujeres tienen distintas expectativas de sus futuros hijos e hijas, teniendo en cuenta si serán niños o niñas. Por ejemplo les eligen nombres masculinos o femeninos, les compran ropa azul o rosa y juguetes diferentes.

Los mensajes de estos agentes socializadores tienen tanta fuerza que hombres y mujeres toman estos roles y pautas de comportamiento como algo propio y se comportan en consecuencia.

En la socialización diferenciada, a los niños se les prepara para la producción, para prosperar en el ámbito público, en el empleo formal y son orientados al éxito profesional. Son dirigidos a la acción, por lo que les educa para que se desarrollen en el exterior y se alejen de lo doméstico. Se les reprime en el ámbito sentimental y afectivo para que se sientan cómodos en el exterior e incómodos en el interior, el cuidado y en las relaciones interpersonales. Se les valora muy positivamente el talento, la ambición y la capacidad de autopromocionarse. En general se les estimula mucho, pero se les protege poco para fomentar la autonomía.

En la socialización diferenciada, a las niñas se les orienta radicalmente a la reproducción y al espacio privado. Son preparadas para alcanzar el éxito a través de la gratificación personal obtenida por la creación y gestión de la familia y el hogar. Se les sitúa en el ámbito privado y para que no se salgan de este espacio se les reprimen las ambiciones profesionales y se les limitan las libertades. Reciben poco estímulo pero mucha protección.

6.2. Educación mixta y coeducación

Durante mucho tiempo, la educación estuvo reservada solo a los varones. Cuando la mujer se incorporó a la escuela, se introdujo en un modelo educativo que se había diseñado tomando como referencia la escuela pensada solo para los hombres. Las niñas se encontraron con una educación segregada y estereotipada, con una perspectiva androcéntrica de larga tradición.

 Sabía que...

En España, en 1857, se recoge por primera vez en la ley el derecho de las niñas a la educación formal. Pero principalmente estudiaban la oración, el canto y la costura.

Este primer modelo de educación era el modelo de escuela de roles separados: niños y niñas no estudiaban las mismas materias ni compartían los centros educativos. Preparaban a los niños para el sistema laboral formal y a las niñas para el espacio reproductivo.

Educación mixta

El modelo de escuela mixta se basa en el principio democrático de la igualdad de oportunidades, basándose en una educación conjunta e igualitaria.

Desde la educación mixta se trata a niños y niñas por igual, sin tener en cuenta sus diferencias. En el modelo de educación mixta, niños y niñas tienen acceso a los mismos contenidos y comparten los mismos espacios.

En el modelo de educación mixta no se consideran especialmente relevantes las acciones y políticas de género, ya que este modelo trata a niños y niñas por igual, ignora sus diferencias como grupos, valorándoles como personas y reconociéndoles los méritos individualmente, al margen del sexo al que pertenezcan. Les ofrecen las mismas oportunidades sin hacer distinciones.

 Sabía que...

Durante la dictadura franquista, la educación en España separó a niños y niñas en los centros educativos. La educación segregada estaba recogida en las leyes hasta la Ley General de Educación de 1970. Esta ley no incluye ni promueve la educación mixta: sencillamente no la menciona ni la prohíbe, por lo que poco a poco, y con la inminente llegada de la democracia, la escuela pública se fue haciendo mixta.

Coeducación

El modelo de coeducación consiste en la educación conjunta de hombres y mujeres, tomando como referencia la importancia de las diferencias sociales y sexuales entre niños y niñas. Incorpora la dimensión de género y reconoce la diversidad de género como diversidad cultural.

Desde este modelo se considera que la escuela no es un espacio neutral y que es un medio de transmisión y reproducción de los ancestrales valores patriarcales asumidos como tradicionales, los roles de género y los estereotipos de género. Para superar las desigualdades sociales, la escuela coeducativa tiene como objetivo eliminar estereotipos de género y romper con las jerarquías culturales sexistas.

La coeducación es una propuesta pedagógica que pretende una reformulación del modelo educativo de transmisión del conocimiento y de las ideas, tomando la perspectiva de género.

Para que un programa o proyecto sea coeducativo tiene que cumplir con los siguientes requisitos:

- Basar su marco teórico de acción en la tradición de las teorías feministas.
- Tomar como referente la idea de que el entorno es sexista (no es neutro) y que la escuela, como parte de ese entorno, reproduce los aspectos sexistas.
- Incluir la educación en valores en el diseño curricular: igualdad, tolerancia y resolución de conflictos sin violencia.
- Fomentar la ruptura de roles estereotipados.
- Orientar el objetivo final hacia la transformación de las relaciones entre géneros, alcanzar una sociedad más equitativa y superar la jerarquía de sexos.

7. Reconocimiento de las principales fuentes de información para realizar el diagnóstico de partida de situaciones de discriminación y de violencia contra las mujeres

Conocer una realidad con la intención de intervenir en ella necesita de un diagnóstico como punto de partida que permita describir, interpretar, relacionar y comparar la posición de cada sexo para detectar desigualdades y discriminaciones. Debe permitir conocer la situación de partida en la que se encuentran hombres y mujeres para poder observar la evolución de los fenómenos sociales.

Se ha de analizar cada género respecto a sí mismo y respecto al otro con la finalidad de identificar las diferencias. Para que la información de análisis sea útil desde una perspectiva de género debe aportar información sobre desigualdades entre ambos sexos, la igualdad de oportunidades y las situaciones de discriminación.

Es fundamental que la información esté desagregada por sexo. Siempre se debe introducir la variable sexo en los datos: en documentos actuales de organismos e instituciones públicas se hace esta diferenciación como norma.

7.1. Identificación de fuentes y datos existentes (primarios y secundarios)

En el proceso de investigación social y recogida de información se distinguen dos tipos de datos, teniendo en cuenta si son datos originales recogidos por la propia persona investigadora o si es información que ya estaba recogida. Es fundamental que estén desagregados por sexo. También se distingue el tipo de fuente dependiendo del origen de la información.

Datos primarios y secundarios

Los datos primarios los produce la propia persona que investiga. Recolecta una información determinada, obteniéndola por sus propios medios, con el propósito de que sea útil a su investigación. Los datos secundarios son aquellos que ya han sido recogidos por otras personas o instituciones; ahorran mucho tiempo y esfuerzo a la investigación.

Fuentes primarias y fuentes secundarias

Para obtener una información de calidad, las fuentes han de proporcionar datos separados por sexos.

Las fuentes primarias son aquellas que ofrecen información sin elaboración previa, es decir, son datos sin interpretación y que se utilizan para generar nueva información o contrastar la que ya se conoce. Son los datos estadísticos.

Las fuentes secundarias son aquellas que ofrecen información ya elaborada. Puede ser información cualitativa o cuantitativa. Son fuentes de información secundaria las estadísticas elaboradas, las publicaciones, los estudios, los libros, las revistas y cualquier información que ya haya sido procesada con una finalidad.

Sabía que...

El Instituto de las Mujeres pone a disposición del público una base de datos llamada "Mujeres en Cifras". Recoge estadísticas de fuentes secundarias con los datos desagregados por sexos.

7.2. Selección de técnicas (cuantitativas y cualitativas) para recoger la información atendiendo al género

La elección de las técnicas de investigación depende de la naturaleza de la información, pudiendo ser cualitativas o cuantitativas. Las dos técnicas no son opuestas sino complementarias y es muy habitual encontrar el uso de ambas en cualquier investigación.

La característica fundamental que han de cumplir para que recojan la información, atendiendo al género, es que sean capaces de visibilizar y comparar las diferencias de hombres y mujeres para detectar desigualdades.

Técnicas cuantitativas

Las herramientas de investigación cuantitativa sirven para obtener y recoger información mediante cuestiones cerradas. Estas cuestiones se plantean por igual a todas las personas que participan en la investigación, para poder tratar los datos de forma estadística.

Las técnicas cuantitativas son las más indicadas cuando el asunto a investigar está claramente identificado y delimitado.

Generalmente la información proviene de bases de datos y estadísticas porque ofrecen datos de un alto número de personas.

Las técnicas cuantitativas cumplen con las expectativas de la perspectiva de género cuando incluyen la variable sexo y suministran información diferenciada de hombres y mujeres. A continuación, se describen algunas técnicas cuantitativas:

- **La encuesta:** se busca información a través de preguntas estandarizadas recogidas en un documento. Se realiza a un conjunto de personas que sea representativo de un grupo más grande.
- **El formulario:** es un documento en el que se recoge información personal, como el nombre o el estado civil. Se usa en instituciones y organizaciones para facilitar funciones administrativas.
- **Censos:** son las listas oficiales de las personas habitantes de una población. Recogen el padrón y la información demográfica.
- **Padrones:** son los registros administrativos municipales donde se recoge la información de la población. Aportan datos sobre el número de habitantes, la edad y el sexo.
- **Estadísticas:** las bases de datos oficiales aportan mucha información. Las fuentes de datos estadísticas más usadas son el INE (Instituto Nacional de Estadística), Eurostats (estadísticas europeas), Instituto de las Mujeres, los Observatorios (como el Observatorio de la Violencia de Género); estadísticas y bases de datos de la ONU (Organización de Naciones Unidas) y las estadísticas del Poder Judicial. Además muchas Comunidades Autónomas tienen sus propios institutos oficiales de estadística (Instituto Andaluz de Estadística).

Técnicas cualitativas

Las herramientas de investigación cualitativas están enfocadas a extraer información sobre relaciones, impresiones, motivaciones y procesos, siendo muchas y muy variadas; a continuación se exponen las más usadas.

Observación participante

La mejor forma de obtener información es a través de la relación personal con las personas involucradas: la observación participante consiste en realizar actividades en los mismos espacios que se desean investigar, conociendo en persona y de primera mano las perspectivas y necesidades de los individuos. No siempre es posible, además necesita mucho tiempo y dedicación.

Grupo de discusión

Consiste en una reunión de varias personas que hablan sobre un tema concreto. La conversación es guiada por un moderador o moderadora, cuyo objetivo es extraer información a través de un guion, que debe tener como eje transversal la categoría de género.

La entrevista

Consiste en una conversación con una persona con el objetivo de extraer información sobre un tema a través de un guion. No es una encuesta, sino una conversación en la que la persona entrevistadora guía el discurso de la persona entrevistada a los temas que son de su interés y que ha fijado previamente. La persona entrevistadora debe tener conocimientos en materia de igualdad para interpretar desde esta perspectiva la información aportada por la persona entrevistada.

 Recuerde

Técnicas cuantitativas y cualitativas no son opuestas sino complementarias y el uso de ambas enriquece la calidad de la información.

7.3. Clasificación de datos desagregándolos por sexo

Separar los datos por sexos ha sido la forma tradicional de analizar las diferencias de género. Mide el número de personas por sexo, aporta una información cuantitativa sobre hombres y mujeres, delimitando dos realidades.

Es tan sencillo como incluir la variable **sexo** en las estadísticas y cualquier medio de recogida de datos. Aporta información fundamental para detectar las diferencias entre hombres y mujeres y se ha incluido progresivamente de forma sistemática y normalizada en documentos y estadísticas oficiales.

Pero no tiene por qué aportar claves interpretativas con las que comprender las dinámicas de relación entre ambos sexos. No siempre va a aportar información sobre situaciones de desigualdad o discriminación.

Separar la información por sexos es imprescindible para alcanzar una información de calidad desde la perspectiva de género utilizando otros recursos: los indicadores de género.

 Importante

Las estadísticas con los datos desagregados por sexo permiten evaluar la situación diferenciada de hombres y mujeres. Sin datos desagregados por sexos es imposible evaluar la evolución o el impacto que tienen las políticas y acciones en materia de igualdad de oportunidades.

7.4. Conocimiento y manejo de indicadores de género

Un indicador es una medida que muestra un hecho, lo caracteriza, lo cuantifica y permite medir los cambios a través del tiempo. La aplicación del análisis con perspectiva de género requiere unos indicadores específicos cuya finalidad es analizar la situación de hombres y mujeres en la sociedad, capaces de señalar informaciones observables sobre la desigualdad.

Los indicadores de género son medidas que muestran, caracterizan y cuantifican las diferencias y desigualdades entre hombres y mujeres, así como el nivel de igualdad de oportunidades, teniendo en cuenta el contexto social; muestran los cambios sociales en relación al género y son necesarios para evaluar y hacer un seguimiento de las políticas de igualdad.

Atendiendo al tipo de información pueden ser de origen cualitativo o cuantitativo. La mezcla de ambos tipos se denomina indicador mixto y es la tendencia actual para obtener una mayor fiabilidad.

Ejemplo

El indicador de género *Número de las mujeres en altos cargos directivos en empresas españolas* puede mostrar si la mujer está presente en estos cargos.

Actividades

7. Busque en internet el documento *Sistema Estatal de Indicadores de Género,* publicado por la Administración General del Estado y editado por el Instituto de las Mujeres. ¿Cuáles son los principales indicadores de la violencia de género?

Indicadores de género cualitativos

Se refieren a las cualidades de una situación de desigualdad, expresada en términos de procesos, características, causalidades, relaciones, estructuras, actitudes y percepciones.

Las unidades de medida son tipo, grado y nivel.

Ejemplo

Tipos de mecanismos empleados por la Administración Pública para la incorporación de las mujeres inmigrantes al mundo laboral es un indicador de género cualitativo porque explica unas circunstancias que afectan a mujeres.

Estos indicadores son capaces de aportar una comprensión profunda de una situación de desigualdad. Gracias a la riqueza de datos dan lugar a una comprensión profunda de las dinámicas sociales.

 Actividades

8. ¿Qué unidades de medida se utilizan en los indicadores de género cualitativos?

Indicadores de género cuantitativos

Cuantifican la desigualdad de género. Se refieren a datos numéricos, a cantidades y medidas objetivas. Muestran información concreta expresada en números, porcentajes, tasas e índices. Existe gran cantidad de indicadores; a continuación, se indican los cuantitativos de género más utilizados:

Índice de concentración

Se utiliza para conocer la distribución de hombres y mujeres por separado dentro de su grupo sexual.

Muestra una situación dentro del mismo sexo, por lo que es un indicador *intrasexo*, es decir, informa de la situación de las mujeres respecto a las mujeres y de los hombres respecto a los hombres. Es el resultado porcentual de dividir el número de personas de un sexo en una categoría entre el número total de personas del mismo sexo en una variable.

■ **Fórmula Índice de concentración mujeres:**

$$\frac{\text{N}^{\circ} \text{ de mujeres categoría}}{\text{N}^{\circ} \text{ de mujeres total variable}} \cdot 100$$

■ **Fórmula Índice de concentración hombres:**

$$\frac{\text{N}^{\circ} \text{ de hombres categoría}}{\text{N}^{\circ} \text{ de hombres total variable}} \cdot 100$$

Alumnado matriculado en Educación de Adultos según tipo de formación. Índice de concentración

	Mujeres	Índice de concentración
Enseñanzas de carácter formal	111.886	33,86 %
Enseñanzas de carácter no formal	218.560	66,14 %
Total	330.446	

Fuente: Unidad de igualdad del ministerio

El índice de concentración estudia un sexo sobre el total dentro de una misma categoría, sin compararlo con otro sexo.

Para hallar el índice de concentración se ha realizado la siguiente operación:

Índice de concentración enseñanzas de carácter formal = (111.886 / 330.446) · 100 = 33,86 %

Se deduce que el 66,14 % de las mujeres matriculadas en educación de adultos durante el curso 2022-2023 estaba concentrado en enseñanzas de carácter no formal, mientras el 33,86 % se concentraba en enseñanzas de carácter formal.

Índice de distribución

Se utiliza para detectar diferencias de distribución global entre sexos. Muestra de forma porcentual la situación de un sexo respecto al conjunto de los dos sexos, por lo que es un indicador *intersexo*. Es el resultado porcentual de dividir el número de personas del mismo sexo en una categoría entre el número total de personas, de ambos sexos, de la misma categoría.

■ **Fórmula Índice de distribución mujeres:**

$$\frac{\text{N}^{\circ} \text{ de mujeres categoría}}{\text{N}^{\circ} \text{ de mujeres y hombres categoría}} \cdot 100$$

■ **Fórmula Índice de distribución hombres:**

$$\frac{\text{N}^{\circ} \text{ de hombres categoría}}{\text{N}^{\circ} \text{ de mujeres y hombres categoría}} \cdot 100$$

Población ocupada según sector económico (2024). Índice de distribución.
Fuente: Encuesta de Población Activa (EPA). Instituto Nacional de Estadística

	Mujeres	Hombres	Total	Índice de distribución % Mujeres	Índice de distribución % Hombres
Agricultura	203.700	562.100	765.800	26,60 %	73,40 %
Industria	776.900	2.048.900	2.825.800	27,49 %	72,51 %
Construcción	123.900	1.293.700	1.417.600	8,74 %	91,26 %
Servicios	8.752.400	7.488.300	16.240.800	53,89 %	46,11 %

Para hallar el índice de distribución se ha aplicado la siguiente fórmula:

Índice distribución mujeres agricultura = (203.700 / 765.800) · 100 = 26,60 %

Se dice entonces que el índice de distribución de las mujeres en agricultura es del 26,60 %.

El sector de la agricultura se distribuye entre un 26,60 % de mujeres y un 73,40 % de hombres.

La tabla muestra la distribución de los sexos en los diferentes sectores económicos: hay mayor presencia de hombres respecto de mujeres en todos los sectores excepto en el sector servicios y según el índice de distribución donde hay una mayor presencia de hombres es en el sector de la construcción, ya que la mujer ocupa un escaso 8,74 %.

Índice de feminización

Se utiliza para conocer la representación de las mujeres respecto a la de los hombres. Muestra la relación entre el número de mujeres y hombres. Es el resultado de dividir el número de mujeres de una categoría entre el número de hombres en esa misma categoría.

■ **Fórmula Índice de feminización:**

$$\frac{\text{N° de mujeres categoría}}{\text{N° de hombres categoría}}$$

Si el resultado fuera 1, significaría una plena representación igualitaria entre mujeres y hombres. De modo que resultados mayores a 1 indican feminización en esa categoría y menores a 1 significan infrarrepresentación de la mujer. Se expresa indicando *hay x mujeres por cada 1 hombre.*

Índice de masculinización

Se realiza a la inversa que el índice de feminización, porque se analiza la presencia de hombres. Se expresa *hay x hombres por cada 1 mujer.*

■ **Fórmula Índice de masculinización:**

$$\frac{\text{N° de hombres categoría}}{\text{N° de mujeres categoría}}$$

Población ocupada según tipo de ocupación (2024). Índice de distribución.
Fuente: Encuesta de Población Activa (EPA). Instituto Nacional de Estadística

Tipo de ocupaciones	Mujeres	Hombres	Índice de feminización
Directores y Gerentes	280.100	551.500	0,51
Técnicos y profes., científicos e intelectuales de la salud y la enseñanza	1.412.900	636.600	2,22

Continúa en página siguiente >>

<< Viene de página anterior

Población ocupada según tipo de ocupación (2024). Índice de distribución.
Fuente: Encuesta de Población Activa (EPA). Instituto Nacional de Estadística

Tipo de ocupaciones	Mujeres	Hombres	Índice de feminización
Empleados de oficina que atienden al público	659.200	260.200	2,53
Trabajadores de los servicios de restauración y comercio	1.501.800	1.055.700	1,42
Trabajadores de los servicios de salud y el cuidado de personas	1.136.100	324.100	3,50
Trabajadores de los servicios de protección y seguridad	50.400	386.000	0,13
Ocupaciones militares	17.000	85.100	0,20

Para hallar el índice de feminización se ha aplicado la siguiente fórmula:

- Índice Feminización ocupados como trabajadores de los servicios de salud y el cuidado de personas = 1.136.100 / 324.100 = 3,50

De la información que proporciona esta tabla es destacable el índice de feminización de las personas que ocupan puestos como trabajadores de los servicios de salud y el cuidado de personas: el resultado, un 3,50 está por encima del valor 1, lo que significa que el grupo de personas que se dedican a los servicios de salud y al cuidado de personas está feminizado.

Se puede decir que hay 3,50 mujeres por cada 1 hombre que se encuentra ocupando puestos relacionados con los servicios de salud y el cuidado de personas.

Índice de feminidad

Se utiliza para conocer la representación de las mujeres respecto a la representación de los hombres, tomando como referencia el número de mujeres por cada 100 hombres en la misma categoría.

El índice de feminidad se expresa *hay x mujeres por cada 100 hombres.*

∎ **Fórmula índice feminidad:**

$$\frac{N^o \text{ de mujeres categoría}}{N^o \text{ de hombres categoría}} \cdot 100$$

Alumnado matriculado Ciclo Formativo Grado Superior (2022-2023). Índice de feminidad.
Fuente: EDUCAbase

	Mujeres	Hombres	Índice de feminidad
Actividades físicas y deportivas	6.148	23.075	26,64

La fórmula que se ha aplicado ha sido:

Índice feminidad alumnado ramas técnicas = (6.148 / 23.075) · 100 = 26,64

Se puede decir que hay 26,64 mujeres por cada 100 hombres matriculados en las enseñanzas actividades físicas y deportivas en España, lo que significa que la mujer está infrarrepresentada en este sector de formación.

Brecha de género

Se utiliza para conocer la diferencia entre tasas o porcentajes femeninos y masculinos. Como su nombre indica, "brecha", es la distancia que hay entre hombres y mujeres en una misma categoría. Se mide en puntos porcentuales.

Brecha de género = % Mujeres - % Hombres

Si el resultado fuera 0, esto indicaría que no hay diferencia entre hombres y mujeres.

Cuanto más cercano esté el resultado a 0, más estrecha será la brecha y menor la distancia que separe a mujeres y hombres en esa categoría.

Resultados negativos significan que la brecha perjudica a los hombres y resultados positivos indican que la brecha perjudica a las mujeres.

Tasa de paro en España entre 2020 y 2023 en puntos porcentuales. Brecha de género.
Fuente: Encuesta de Población Activa (EPA)

Tasa de paro	Año 2020	Año 2021	Año 2022	Año 2023
Mujeres	17,43	16,83	14,89	13,87
Hombres	13,87	13,22	11,39	10,66
Brecha de género	3,6	3,6	3,5	3,2

La fórmula para hallar la brecha de género ha sido:

Brecha de género en tasa del paro año 2022 = 14,89 - 11,39 = 3,5

Este resultado indica que en el año 2022 la diferencia en la tasa de paro entre mujeres y hombres fue de 3,5 puntos porcentuales, es decir, que existe un mayor desempleo en las mujeres y que la brecha les perjudica a ellas.

Se puede observar que la brecha de género ha sido estable durante los años 2020 y 2021, llegando a los 3,6 puntos porcentuales; sin embargo, en el período comprendido entre 2022 y 2023 ha disminuido levemente respecto de estos años, poniendo de manifiesto que la desigualdad de género en el acceso al empleo va disminuyendo poco a poco.

Actividades

9. Realice un esquema de los principales Indicadores de Género Cuantitativos. ¿Cuáles son las medidas usadas en este tipo de indicadores?

Indicadores de género mixtos

Son una combinación de indicadores cuantitativos y cualitativos y aportan más información y de más calidad. Siempre se presentan con una unidad de medida (número o porcentaje) y una unidad de verificación (tipo, grado o nivel).

Los indicadores mixtos ofrecen una información muy rica, pues mezclan información medible cuantitativamente y a la vez son capaces de expresar cualidades más subjetivas, como las opiniones sobre un tema, las impresiones o la perspectiva sobre un asunto.

 Ejemplo

Número de mujeres según su grado de participación en la toma de decisiones en grandes empresas públicas españolas es un indicador de género mixto.

Presenta una unidad de medida cuantitativa (número de mujeres) y otra cualitativa (grado de participación).

Aplicación práctica

Indique qué tipos de indicadores de género se aplicarían para averiguar la información que se expone en los siguientes casos:

I Caso 1. Distribución de hombres y mujeres entre las ramas sanitarias.
I Caso 2. Niveles educativos de las mujeres desempleadas.
I Caso 3. Número de mujeres por hombre que hay en la Guardia Civil.
I Caso 4. Distribución de mujeres en el Gobierno, por cargos que ocupan.
I Caso 5. Porcentaje de concentración de mujeres en las Fuerzas Armadas dentro de los diferentes cuerpos.
I Caso 6. Número de mujeres por cada 100 hombres que hay en altos cargos directivos de grandes empresas.
I Caso 7. Porcentaje de concentración de hombres universitarios en centros públicos y privados.
I Caso 8. Grado de satisfacción de las trabajadoras de la Administración Pública respecto a la reducción de jornada por lactancia.
I Caso 9. Número de directores de bancos en España por cada directora.
I Caso 10. Distribución de las trabajadoras de la Administración pública según su grado de satisfacción con la reducción de jornada por lactancia.

SOLUCIÓN

Caso 1. Índice de distribución de hombres y mujeres.
Caso 2. Indicador cualitativo.
Caso 3. Indicador cuantitativo. Índice de feminización.
Caso 4. Indicador cuantitativo. Índice de distribución de mujeres.
Caso 5. Indicador cuantitativo. Índice de concentración de mujeres.
Caso 6. Indicador cuantitativo. Índice de feminidad.
Caso 7. Indicador cuantitativo. Índice de concentración de hombres.
Caso 8. Indicador cualitativo.
Caso 9. Indicador cuantitativo. Índice de masculinización.
Caso 10. Indicador mixto.

Aplicación práctica

Suponga que trabaja en una organización que va a realizar un proyecto en el que se becará la matrícula al alumnado universitario en su ciudad. Para realizar un acercamiento al diagnóstico inicial de las personas que podrían ser beneficiarias, se le encarga que analice la presencia de hombres y mujeres en las diversas ramas a través de los datos estadísticos nacionales que se le presentan en la siguiente tabla.

Alumnado universitario matriculado según rama de enseñanza			
	Mujeres	Hombres	Total
Ciencias Sociales y Jurídicas	426.489	290.203	716.692
Ingeniería y Arquitectura	71.360	207.773	279.133
Artes y Humanidades	90.164	56.688	146.852
Ciencias de la Salud	182.468	79.271	261.739
Ciencias	45.320	43.659	88.979
TOTAL	815.801	677.594	1.493.395

Realice un análisis de las diferencias entre hombres y mujeres en la elección de estudios universitarios, calculando:

a. Índice de concentración de las mujeres en ciencias de la salud.
b. Índice de concentración de hombres en ciencias de la salud.
c. Índice de distribución de las mujeres en humanidades.
d. Índice de distribución de los hombres en ciencias.
e. Índice de feminización en ingeniería y arquitectura.
f. Índice de masculinización en ciencias sociales y jurídicas.
g. Índice de feminidad en ramas técnicas.

SOLUCIÓN

a. Índice de concentración de mujeres en ciencias de la salud.
   (N.º de mujeres ciencias salud/ N.º total de mujeres matriculadas) · 100
   (182.468 / 815.801) · 100 = 22,36 %

Continúa en página siguiente >>

<< Viene de página anterior

Significa que, de todas las mujeres matriculadas, el 22,36 % se concentra en ciencias de la salud.

b. Índice de concentración de hombres en ciencias de la salud.
(N.º de hombres ciencias salud / N.º total de hombres matriculados) · 100
(79.271 / 677.594) · 100 = 11,69 %.
Significa que, de todos los hombres matriculados, el 11,69 % se concentra en esta rama.

c. Índice de distribución de mujeres matriculadas en artes y humanidades.
(N.º mujeres artes y humanidades / N.º total personas artes y humanidades) · 100
(90.164 / 146.852) · 100 = 61,39 %.
Indica que, de todas las personas matriculadas en artes y humanidades, el 61,39 % son mujeres.

d. Índice de distribución de hombres matriculados en ciencias.
(N.º hombres ciencias / N.º total hombres y mujeres ciencias) · 100
(43.659 / 88.979) · 100 = 49,06 %
Indica que, de todas las personas que se matriculan en ciencias, el 49,06 % son hombres. La distribución entre hombres y mujeres está muy igualada.

e. Índice de feminización en ingeniería y arquitectura.
N.º de mujeres en ingeniería y arquitectura / N.º de hombres en ingeniería y arquitectura
71.360 / 207.773 = 0,34
El resultado está muy por debajo de 1, lo que significa que la mujer está infrarrepresentada. Hay 0,34 mujeres por cada 1 hombre

f. Índice de masculinización en ciencias sociales y jurídicas.
N.º hombres ciencias sociales y jurídicas / N.º mujeres ciencias sociales y jurídicas
290.203 / 426.489 = 0,68
Es un resultado por debajo de 1, lo que indica que hay menor presencia de los hombres en esta rama. Hay 0,68 hombres por cada 1 mujer.

g. Índice de feminidad en ciencias.
(N.º de mujeres ciencias / N.º de hombres ciencias) · 100
(45.320 / 43.659) · 100 = 103,80; significa que hay 103,80 mujeres por cada 100 hombres en esta rama.
Se trata de una rama en la que la presencia de hombres y mujeres está muy igualada.

7.5. Análisis de impacto de género

El análisis de impacto de género es una evaluación de los efectos que producen o producirán las políticas, los programas o las intervenciones respecto a las situaciones de desigualdad por motivos de género.

Su finalidad es conocer qué efectos tendrán o qué efectos han tenido las intervenciones, comprobar si los resultados obtenidos son iguales para hombres y mujeres o si se están produciendo situaciones de desigualdad o discriminación. Así mismo sirve para desenmascarar situaciones de desigualdad en políticas, programas o intervenciones que han sido consideradas neutras, pero que en realidad afectan de diferente manera a los dos sexos.

El análisis de impacto de género se hace en varios momentos de la intervención:

- **En el diseño y planificación.** Se realiza el análisis del impacto que se supone que tendrá la intervención para formular el proyecto acorde a este impacto.
- **En el seguimiento y evaluación.** Se analizan la incorporación de la perspectiva de género, los sesgos de género en los efectos de la intervención y el aumento o disminución de las brechas de género.

El análisis de impacto de género se realiza siguiendo los siguientes pasos.

Paso 1: pertinencia de género

La pertinencia de género es un proceso en el que se valora si la dimensión de género es relevante en un plan, política o intervención.

Se considera que la dimensión de género es pertinente cuando su inclusión afecta a las personas y significa efectos diferentes en hombres y mujeres. También se considera pertinente cuando su no inclusión causa perjuicios diferentes según el sexo.

Paso 2: situación de partida

En esta fase se identifican los objetivos y se analiza la situación de partida de hombres y mujeres antes de la aplicación de la política, el programa o actividad.

Paso 3: previsión de resultados

En esta etapa se fijan las expectativas de la actuación, qué resultados se espera que produzca y cómo influirá a las relaciones de género.

Paso 4: valoración del impacto de género

Según la efectividad de la intervención se consideran tres tipos de impacto:

- **Impacto positivo:** el efecto es que se reducen las desigualdades. En este caso hay que prever cómo y cuándo disminuirán estas desigualdades.
- **Impacto negativo:** el efecto es que aumentan las desigualdades. En este caso hay que introducir medidas que compensen la desigualdad.
- **Impacto no apreciable:** el efecto es que no parece que el resultado incida en hombres y mujeres de forma desigual.

Paso 5: propuestas de mejora y recomendaciones

Se valora finalmente el tipo de impacto, si ha cumplido las expectativas y objetivos, en qué forma ha afectado a mujeres y hombres, y según el resultado se presentan propuestas de mejora y sugerencias de aplicación.

 Nota

La Ley 30/2003, de 13 de octubre, toma medidas para incorporar el análisis de impacto de género en las disposiciones normativas que elabore el Gobierno.

8. Establecimiento del código deontológico, la protección de la confidencialidad y la ley de protección de datos

El código deontológico se refiere al conjunto de normas que regulan los aspectos éticos y morales de una profesión. Actualmente las profesiones relacionadas con la igualdad de oportunidades no tienen código deontológico propio. Las intervenciones en materia de igualdad son consideradas intervenciones sociales: por este motivo se toma de referencia el Código Deontológico del Trabajo Social.

 Actividades

10. Localice y lea el Código Deontológico del Trabajo Social. Según su art. 49, ¿quiénes tienen la obligación de guardar el secreto profesional?

En el campo de la intervención social se utiliza la información sensible de las personas usuarias con el fin de realizar acciones o tomar medidas. Cuando se toman estas informaciones personales y se organizan en un conjunto se llaman ficheros.

En España la protección de la información personal está regulada por la Ley Orgánica 3/2018, de 5 de diciembre, de Protección de Datos Personales y garantía de los derechos digitales (LOPDGDD) y por el Reglamento General de Protección de Datos (Reglamento (UE) 2016/679 del Parlamento Europeo y del Consejo, de 27 de abril de 2016, relativo a la protección de las personas físicas en lo que respecta al tratamiento de datos personales, RGPD). En este reglamento se consideran datos personales toda información sobre una persona física identificada o identificable. Así mismo, se considera persona física identificable toda persona cuya identidad se puede determinar mediante un identificador, como por ejemplo un nombre, un número de identificación, etc.

Todos/as los/as profesionales del campo de la intervención tienen el deber de guardar el secreto profesional: tienen que asegurar la confidencialidad de los datos personales con los que trabajan, atendiendo a la Ley de Protección de Datos.

La confidencialidad es una obligación para todos/as los/as profesionales del ámbito de la intervención y un derecho de las personas usuarias.

La confidencialidad debe garantizarse para todas las informaciones que los/as profesionales reciban u obtengan a través de cualquier medio.

8.1. Decálogo para la protección de la confidencialidad y el respeto a la ley de protección de datos

A continuación, se exponen diez reglas fundamentales para realizar una intervención de calidad en la que se garantice a las personas usuarias su derecho a la confidencialidad y a la protección de datos:

1. Informar a las personas usuarias de su derecho a la confidencialidad y del secreto profesional, así como sus límites.
2. Garantizar a las personas usuarias la confidencialidad de la información y de sus datos personales. Cuando la persona usuaria acepta recibir o participar en una acción o intervención está aceptando que se usen sus datos con esa finalidad. Hay que aclararle que al participar en la intervención o acción, consiente que se utilicen sus datos, es decir, se está cumpliendo con el requisito del consentimiento expreso que debe dar la persona usuaria; también hay que informarle que cuenta en todo momento con una serie de derechos: acceso, rectificación, supresión, limitación del tratamiento, portabilidad y oposición.
3. Hacer un uso responsable de la información y los datos; reunir la información estrictamente necesaria para la intervención, siendo respetuoso/a con la forma en la que se obtiene y se actualiza.
4. Usar la información única y exclusivamente para el fin por el que se obtuvo el consentimiento.
5. Ser prudente en el manejo de la información, evitando hablar de las personas usuarias en espacios que estén fuera del ámbito de la intervención o con personas que no son profesionales relacionados/as.

6. Informar de la confidencialidad de la información al resto de profesionales con quienes se comparta (con el fin de realizar la intervención) y pedirles discreción.

7. Limitar la información que se comparte con otros/as profesionales a los aspectos estrictamente indispensables para alcanzar objetivos.

8. Guardar los datos, información y archivos de las personas usuarias, limitando el acceso solo al personal autorizado relacionado con la acción o intervención.

9. Guardar la confidencialidad de la información incluso después de acabada la intervención. La obligación a la confidencialidad no caduca ni tiene límite en el tiempo, debiendo guardarse una vez que acaba la intervención, incluso después del fallecimiento de la persona usuaria.

10. Romper el secreto profesional solo en situaciones de extrema gravedad, cuando exista un riesgo previsible e inminente para la persona usuaria, la persona profesional u otras personas.

 Recuerde

En España la protección de la información personal está regulada por la Ley Orgánica 3/2018, de 5 de diciembre, de Protección de Datos Personales y garantía de los derechos digitales y por el Reglamento (UE) 2016/679 del Parlamento Europeo y del Consejo, de 27 de abril de 2016, relativo a la protección de las personas físicas en lo que respecta al tratamiento de datos personales.

No se considera romper el secreto profesional en los siguientes casos:

- Si se revela información para proteger intereses vitales de la persona usuaria.
- Si se revela información a petición de un órgano judicial.
- Si la persona usuaria otorga su consentimiento para el tratamiento de sus datos personales para uno o varios fines específicos.

Actividades

11. Visite la página web de la Agencia Española de Protección de Datos y busque los derechos que tiene la persona usuaria, en el tratamiento de sus datos. ¿En qué consisten?

9. Resumen

El capítulo 1 ha tenido como objetivos principales ofrecer herramientas para la comprensión del fenómeno de la desigualdad y discriminación por causa de sexo y el tratamiento de la información desde una perspectiva de género.

La herencia patriarcal influye en la forma en que las personas construyen sus identidades, basadas en los roles que toman en la sociedad y en los estereotipos sexistas, transmitidos por agentes socializadores como la escuela.

Ante las diferentes discriminaciones por razón de sexo se imponen medidas jurídicas, sociales y coeducativas.

Para realizar una intervención óptima es necesario un diagnóstico realista que tenga en cuenta a lo masculino y lo femenino. Las fuentes de información han de ofrecer datos desagregados por sexo; las técnicas de recogida de información han de incluir la perspectiva de género; se deben utilizar herramientas como los indicadores de género y se debe realizar un análisis de impacto de género que recoja la influencia de la intervención en la reducción de las desigualdades entre mujeres y hombres. Todo este proceso ha de hacerse siempre garantizando la confidencialidad y el respeto a la Ley de Protección de Datos.

Ejercicios de repaso y autoevaluación

1. **De las siguientes opciones, indique cuál es la correcta:**

    a. El patriarcado es un tipo de organización social en la que los ámbitos de poder son mayoritaria o exclusivamente controlados por los varones.
    b. El patriarcado es una estructura social jerárquica donde se sitúa a los varones por encima de las mujeres.
    c. El patriarcado es una estructura social basada en un conjunto de ideas, prejuicios, símbolos, costumbres y leyes en las que lo masculino domina y oprime a lo femenino.
    d. Todas las opciones son correctas.

2. **¿Cuáles son los medios de transmisión del sistema patriarcal?**

    _____
    _____
    _____
    _____
    _____
    _____
    _____

3. **Explique en qué consiste la igualdad formal y la igualdad real o efectiva.**

    _____
    _____
    _____
    _____
    _____
    _____
    _____

4. De las siguientes opciones, indique cuál es la correcta:

   a. Sexo y género son dos conceptos diferentes: el sexo es la orientación sexual de las personas y el género es la construcción de la identidad social según el sexo.
   b. Sexo y género son dos conceptos diferentes: el sexo se refiere a las características biológicas, físicas y corporales y el género a la construcción de la identidad social relativa al sexo.
   c. Sexo y género son las similitudes entre hombres y mujeres.
   d. Sexo y género significan lo mismo y se usan indistintamente.

5. Explique en qué consiste la discriminación por sexo directa, indirecta y múltiple.

_____
_____
_____
_____
_____
_____
_____

6. Explique las diferencias entre educación mixta y coeducación.

_____
_____
_____
_____
_____
_____
_____

7. De las siguientes opciones, indique cuál es la correcta:

   a. En la socialización diferenciada se prepara a los niños para ser igualitarios y a las niñas se las anima a reivindicar sus derechos.
   b. En la socialización diferenciada se prepara a los niños para la producción, para prosperar en el ámbito público, en el empleo formal, mientras a las niñas se las orienta radicalmente a la reproducción y al espacio privado.

c. En la socialización diferenciada se tienen las mismas expectativas hacia niños y niñas, incluso antes de nacer.

d. En la socialización diferenciada se educa a los niños y niñas ignorando sus diferencias.

8. **De las siguientes frases, indique cuál es verdadera o falsa:**

a. Desagregar los datos por sexo es suficiente para aplicar la perspectiva de género en la recogida y el análisis de la información.

☐ Verdadero
☐ Falso

b. Los indicadores de género cuantitativos se miden en tipo, grado, nivel.

☐ Verdadero
☐ Falso

c. Las fuentes secundarias son las que ofrecen información ya elaborada.

☐ Verdadero
☐ Falso

9. **De las siguientes opciones, indique cuál es la correcta:**

a. Un análisis de impacto de género es una evaluación del concepto social de género a lo largo de la historia.

b. Un análisis de impacto de género es una evaluación de los efectos que tiene un proyecto, programa o intervención exclusivamente sobre las mujeres.

c. Un análisis de impacto de género es una evaluación de los efectos que tiene un proyecto, programa o intervención exclusivamente sobre los hombres.

d. Un análisis de impacto de género es una evaluación de los efectos que producen o producirán las políticas, los programas o las intervenciones respecto a las situaciones de desigualdad por motivos de género.

10. De las siguientes opciones, indique cuál es la correcta:

a. Cuando se realiza una intervención social, no hace falta informar a la persona usuaria de que sus datos van a ser usados para realizar dicha intervención porque no es su derecho.

b. Cuando se realiza una intervención social, no hace falta informar a la persona usuaria de que sus datos van a ser usados para realizar dicha intervención porque se informa a su familia.

c. Cuando se realiza una intervención social, es necesario y obligatorio informar a la persona usuaria de que sus datos van a ser usados para realizar dicha intervención porque es su derecho.

d. Cuando se realiza una intervención social, no hace falta informar a la persona usuaria de que sus datos van a ser usados para realizar dicha intervención porque sus datos pueden ser usados para cualquier finalidad.

Capítulo 2
Identificación y tratamiento de imágenes y utilización de lenguaje no sexista

Contenido

1. Introducción

Históricamente el uso androcéntrico del lenguaje ha invisibilizado a las mujeres y las imágenes en los medios de comunicación han producido y reproducido los estereotipos de género sexistas.

La sociedad es bombardeada constantemente con los mensajes que envían los medios de comunicación, que dictan cómo deben ser las personas según su sexo, imponiendo modelos estereotipados.

Las personas profesionales en materia de igualdad deben ser capaces de analizar el lenguaje y las imágenes de una forma crítica, desde una perspectiva de género, diferenciando en qué forma se representa a hombres y mujeres y cómo les afecta esa representación.

Es necesario conocer estrategias para el uso de un lenguaje no sexista o inclusivo y el tratamiento de imágenes no sexistas: son la forma de visibilizar a las mujeres, fomentar el desarrollo de nuevos modelos más igualitarios y realizar intervenciones sensibles al lenguaje y las imágenes.

2. Reconocer la invisibilización de las mujeres y detectar la utilización de imágenes y lenguaje sexista

El discurso de las sociedades androcéntricas está construido tomando como referencia lo masculino y nombrando lo femenino en relación al varón, como el segundo sexo, relegando a la mujer, ocultándola e invisibilizándola.

El lenguaje no tiene por qué ser sexista en sí, sino que depende de la forma en que se use. Utilizar un lenguaje no sexista e inclusivo es imprescindible para evitar que se nombre a las mujeres como dependientes, complementos o propiedad de los hombres. La mujer necesita ser nombrada para ser visibilizada.

El uso del lenguaje que representa a mujeres y hombres es un lenguaje justo y que refleja la realidad compleja, pues no oculta, no subordina, no infravalora, no excluye y no invisibiliza a nadie.

Así mismo, las imágenes sexistas perpetúan los roles estereotipados de género, situando a la mujer en situaciones de inferioridad y subordinación, impidiendo que se pueda visibilizar la diversidad de las personas.

2.1. Detección de imágenes sexistas

Entre las misiones de las personas profesionales en materia de igualdad se encuentra detectar, analizar, denunciar y sensibilizar sobre las imágenes sexistas que aparecen en los medios de comunicación social.

Los medios de comunicación social son canales de difusión de información o de formas de expresión, que se dirigen a un público destinatario muy amplio y en el que cada persona receptora es anónima. Estos medios (televisión, radio, prensa, internet, cine) transmiten mensajes que pueden llegar a sociedades enteras en un contexto globalizado.

Las imágenes pueden estar en todo tipo de formatos: películas, videoclips, anuncios, páginas web, periódicos y revistas, carteles, imágenes corporativas, libros de texto, cuadros, fotos, pinturas, ilustraciones; en definitiva, en cualquier espacio comunicativo donde pueda haber una imagen.

Características de las imágenes sexistas

Se considera que una imagen es sexista si cumple una o más de las siguientes características:

- Muestra un estereotipo sexista.
- Frivoliza o justifica cualquier tipo de violencia de género.
- Posiciona a las mujeres en situaciones de subordinación o inferioridad respecto a los varones.
- Representa a las mujeres como menos capaces que los hombres o como incapaces de asumir responsabilidades.
- Infravalora o ridiculiza la imagen de la mujer.
- Muestra a la mujer en situaciones vejatorias.
- Utiliza el cuerpo como reclamo, como objeto sexual, especialmente el de las mujeres.

- Propone la sexualidad femenina como pasiva y supeditada a los deseos del varón.
- Fomenta estereotipos de belleza irreales o insanos.
- Sitúa a la mujer, exclusivamente, en el ámbito doméstico y dedicada al cuidado de las demás personas. También si sitúa al hombre en el espacio del trabajo y lo excluye del doméstico.
- Caracteriza psicológicamente a hombres y mujeres de forma que parezca que las personas son capaces para unas actividades e incapaces para otras según su sexo. Diferencia las opciones o actividades que deben tener hombres y mujeres.
- Excluye explícitamente a un sexo de un contexto.
- Presenta un lenguaje sexista.

Recuerde

Una imagen es sexista si presenta, al menos, una de estas características

En publicidad es frecuente encontrar imágenes influenciadas por la estética de la pornografía, en la que se presentan los cuerpos de las personas como objetos sexuales, mayoritariamente los de las mujeres.

Actividades

1. Investigue en internet sobre el concepto *porno chic* aplicado a la publicidad. ¿Qué relación tiene con la perpetuación de los roles sexistas?

Las imágenes sexistas están especialmente presentes en la publicidad.

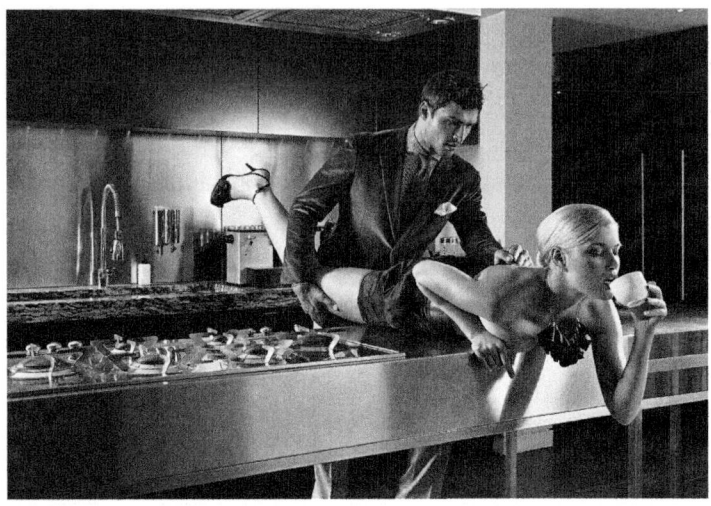

Anuncio publicitario de moda

Este anuncio cumple varias de las características de las imágenes sexistas: la postura de la mujer sobre la cocina presenta un cierto grado de violencia y la sitúa en una posición de subordinación del hombre. Se utiliza el cuerpo de la mujer como reclamo en una imagen cargada de contenido sexual y con inspiración en la pornografía.

Así mismo, presenta a la mujer como poco interesada en el varón pero que no se resiste, exponiendo una sexualidad pasiva y supeditada a los deseos del hombre.

Un recurso para saber si una imagen es sexista es aplicar la **regla de la inversión** (también se aplica en el análisis del lenguaje). Consiste en cambiar el sexo de las personas protagonistas de la imagen y analizar si el significado del mensaje es diferente. Al aplicar la regla de la inversión en la siguiente imagen, se puede observar cómo ha cambiado el mensaje, lo cual confirma que la imagen es sexista.

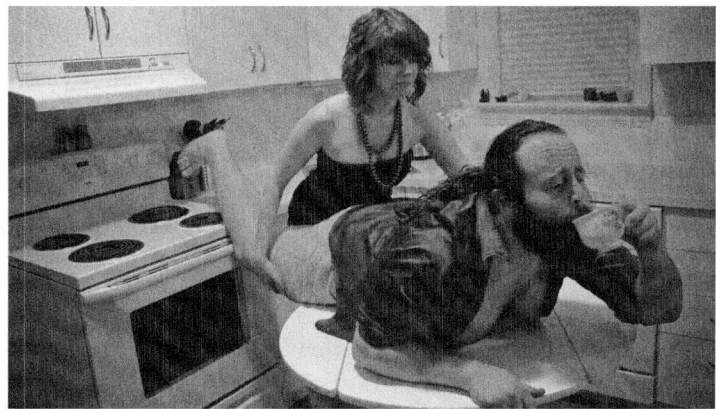

Parodia de anuncio publicitario de moda en el que se ha invertido el sexo de las personas protagonistas.

Los niños y las niñas reciben fuertes mensajes sobre su identidad de género a través de los medios, por ejemplo en la asignación de roles y tareas en los anuncios de juguetes.

Anuncio publicitario de juguetes

En este anuncio de juguetes se puede observar cómo se perpetúan los roles de género sexistas a través de los estereotipos.

Muestra a los niños realizando actividades propias del espacio público: aparecen relacionados con la acción y el conocimiento; realizan actividades de mecánica, construcción, gestión de la ciudad e investigación.

En contraposición, muestra a las niñas en el espacio privado y doméstico, realizando actividades relacionadas con el cuidado, la belleza, la crianza, la gestión del hogar y el amor romántico heteropatriarcal.

Además no muestra ningún juego en el que participen ambos sexos. Caracteriza a niños y niñas capaces de hacer unas actividades pero no otras, diferenciando sus posibilidades según su sexo.

2.2. Detección del lenguaje sexista

El lenguaje sexista presenta usa serie de características cuya misión es destacar las diferencias entre sexos y ocultar a las mujeres en ciertos ámbitos. Está presente en la forma de hablar, en los medios de comunicación social, la literatura y en definitiva en cualquier espacio comunicativo en el que haya un mensaje hablado o escrito.

Para detectar si se le está dando un uso sexista a una palabra o expresión, se aplica la regla de la **inversión,** que consiste en sustituir la palabra dudosa o expresión por su correspondiente en el género opuesto. Si al cambiar el género cambia el significado, indica que se está dando un uso discriminatorio al lenguaje y que es necesario realizar cambios.

 Ejemplo

"Los gobernantes se reunieron en el salón del hotel".
Inversión: "Las gobernantas se reunieron en el salón del hotel". Al aplicar la regla de la inversión cambia el significado de la frase, ya que "los gobernantes" significa hombres del gobierno y "las gobernantas" se refiere a las encargadas de la limpieza y gestión de las plantas de un gran hotel.

Uno de de los rasgos más distintivos y principales del uso sexista del lenguaje es el **uso y abuso del masculino genérico.** "Los hombres" representaban a toda la humanidad, y la revolución feminista se encontró con un muro lingüístico que no le permitía nombrar a las mujeres en femenino en sus actividades, profesiones, oficios y cargos.

 Ejemplo

Masculino genérico: "jueces", refiriéndose a jueces y juezas.

Además del uso y abuso del masculino genérico existen otros elementos presentes en el lenguaje sexista que lo caracterizan; estos se describen a continuación.

Duales aparentes y vocablos ocupados

Los duales aparentes son palabras que cambian de significado dependiendo del sexo al que se refieran. Son usados principalmente en cargos o profesiones donde el puesto de la mujer es un "vocablo ocupado", es decir, que tiene significado de dependencia, negativo o inferior.

 Ejemplo

El término "mujer pública" se ha referido tradicionalmente a la mujer que ejerce la prostitución, mientras que "hombre público" se refiere a un hombre con un cargo público.

Vacíos léxicos

Son palabras que no tienen equivalente para el otro sexo y afectan principalmente a los términos femeninos.

 Ejemplo

Hombría o caballerosidad no tienen un equivalente femenino.

Falsos genéricos

Son aquellas palabras que aparecen como genéricas pero excluyen al otro sexo.

 Ejemplo

"El hombre ha pisado la luna", refiriéndose a la humanidad.

Asociaciones lingüísticas peyorativas

Son palabras cuyo significado está asociado a estereotipos sexistas e insultos. Generalmente son usados exclusivamente para las mujeres y están ligados a estereotipos sexistas sobre el trabajo doméstico y la sexualidad.

 **Ejemplo**

La palabra "zorra" como insulto; el término descalificativo "fregona" para llamar a una mujer que limpia.

Falsos semánticos

Son un fenómeno en el que una palabra que en principio parecía genérica, es decir, que aparentemente se refería a hombres y mujeres, finalmente solo se refiere a los hombres.

 Ejemplo

"El 60 % de los alumnos recibieron becas, sin embargo, solo el 40 % de las alumnas fueron becadas". Al empezar a leer, el término "alumnos" da lugar a confusión, pues parece que se refiere tanto a hombres como mujeres. Al seguir leyendo se comprueba que se refiere exclusivamente a los varones.

Asimetría en el trato a mujeres y hombres

Son diminutivos o vocablos que infantilizan a las mujeres o las proponen como dependientes de los hombres.

Ejemplo

El término "señorita", que es un diminutivo de "señora", se ha usado tradicionalmente para indicar el estado civil de una mujer, en concreto la soltería. No existe este concepto para los hombres. La palabra "señorito" no indica el estado civil del hombre.

Orden en la presentación

En muchos espacios comunicativos se antepone lo masculino a lo femenino, por lo que lo femenino queda siempre supeditado a lo masculino y en segundo lugar.

Si se habla de "hombres y mujeres" en un texto hay que ir alternando la combinación "hombres y mujeres" con la de "mujeres y hombres".

Denominación sexuada

Es un trato asimétrico de mujeres y hombres donde a los hombres se los nombra por sus cargos.

Ejemplo

"El equipo de coordinación estaba formado por tres militares y una mujer". En este caso a los hombres se los ha nombrado por su cargo y a la mujer se la ha calificado solo por su sexo, sin indicar qué cargo ocupa, y destacando que las personas militares eran hombres. Una opción correcta podría ser "tres militares y una civil".

Aposiciones redundantes

Son expresiones en las que se destaca la posición sexuada de las mujeres por encima de otras cualidades.

 **Ejemplo**

"Las mujeres maestras organizaron el evento escolar". Aquí no es necesario indicar "mujeres", pues el término "maestras" ya indica que son mujeres.

3. Análisis del lenguaje y análisis de imágenes estereotipadas y su contribución al pensamiento desde el enfoque de género

El enfoque de género es una forma de interpretar la realidad en la que se considera lo masculino y lo femenino, especialmente para descubrir y cambiar los condicionamientos sociales que oprimen al género femenino. Tiene como objetivo visibilizar las desigualdades con la finalidad de realizar un cambio social y para rectificar las desigualdades sociales entre sexos hay que tener en cuenta los presupuestos sociales que impiden la igualdad.

Analizar el lenguaje y las imágenes estereotipadas es el primer paso para la construcción de un enfoque de género. El lenguaje no es inocente y su uso sexista representa de forma diferente a hombres y mujeres, ocultando y humillando históricamente a la mujer y a lo femenino.

El análisis de las imágenes estereotipadas contribuye a que los modelos sexistas puedan ser destruidos y construidos nuevamente con valores más justos e igualitarios.

3.1. Análisis del lenguaje

El uso sexista del lenguaje se puede analizar desde varias perspectivas. Por una parte está el uso sexista de las palabras y expresiones. Por otra parte está el discurso, el mensaje.

Se considera que un texto es sexista cuando presenta una o varias de las siguientes características:

- Usa el masculino genérico pudiendo evitarlo.
- Presenta expresiones sexistas.
- Excluye a un sexo explícitamente.
- Infrarrepresenta a un sexo.
- Aparecen duales aparentes, vacíos léxicos, falsos genéricos.
- Utiliza expresiones peyorativas por sexo.
- Trata de forma desigual a mujeres y hombres.
- No alterna el orden de los sexos en la presentación.
- Utiliza denominaciones sexuadas.
- Hay falsos semánticos que dan lugar a error en la interpretación.

En el análisis del mensaje se tendrá en cuenta si aparecen estereotipos sexistas, ya que puede haber un mensaje sexista que no utilice expresiones discriminatorias.

 **Ejemplo**

El dicho popular "detrás de un gran hombre hay una gran mujer" expresa un mensaje discriminatorio, pero en la frase no aparece ninguna expresión discriminatoria ni sexista.

3.2. Análisis de imágenes estereotipadas

Ya que hay gran variedad de posibilidades y formatos, a continuación se presenta un esquema genérico de análisis de imágenes para detectar si son sexistas y reproducen estereotipos discriminatorios de género.

Análisis de imágenes sexistas

Este esquema se puede aplicar a cualquier formato, tanto a imágenes en movimiento, como las películas o imágenes estáticas, como los carteles. También se puede aplicar a un texto o una obra literaria. Se analiza el contenido, el argumento, el mensaje o discurso y la forma de comunicación. Es un esquema de referencia, del cual se toma lo que se ajuste mejor a las características de la imagen.

A través del **análisis de las siguientes variables** se puede evaluar cómo se representa a hombres y mujeres, qué roles de género realizan las personas y qué estereotipos sexistas aparecen:

- Número de personajes masculinos y femeninos.
- Número de personajes masculinos y femeninos primarios y secundarios.
- Descripción de los personajes: qué cualidades determinan a los personajes masculinos y femeninos.
- Oficios y tareas que realizan los personajes.
- Roles de género que representan.
- Ubicación de los personajes: dónde se sitúa a hombres y mujeres.
- Qué presencia tiene cada personaje, cuánto tiempo aparece.
- Teniendo en cuenta la información recogida, determinar qué estereotipos sexistas de género aparecen, qué roles sexistas de género perpetúan.

En cuanto al **análisis del argumento,** se tiene en cuenta lo siguiente:

- Resumen del argumento, tema central y desenlace y cómo afecta a los personajes masculinos y femeninos.
- Papel de los personajes masculinos y femeninos en la historia.
- Papel de los personajes primarios y secundarios.
- Evolución de los personajes masculinos y femeninos.

- Qué relaciones sociales aparecen y en qué contextos sociales.
- Qué historias incluyen y cuáles excluyen.
- Qué personajes reciben violencia o vejaciones.
- Tomando la información recogida, determinar qué estereotipos sexistas aparecen, qué relaciones sociales se legitiman, qué situaciones de violencia aparecen y qué relación tienen con el sistema patriarcal.

En el **análisis del discurso** se tiene en cuenta lo siguiente:

- Palabras o expresiones con connotaciones sexistas.
- Conceptos sexistas que aparecen en el discurso de los personajes.
- Sexismo en el lenguaje.
- Valoraciones que hacen los personajes a través de su discurso.
- Actitudes en el discurso, la forma de hablar.
- Frases principales de los protagonistas masculinos y femeninos.
- Quién tiene el protagonismo en el discurso, los hombres o las mujeres; quién es la *voz en off.*
- Violencia simbólica en los mensajes comunicativos.
- Tomando la información recogida, determinar si existe un lenguaje sexista y discriminatorio, si aparecen estereotipos de género y si son perpetuados a través de los mensajes de los personajes.

Y para el **análisis de la comunicación,** se tiene en cuenta lo siguiente:

- De qué temas hablan los personajes según si son masculinos o femeninos.
- Qué tono utilizan y en qué contextos, qué medios usan.
- Qué normas sociales aparecen en la comunicación.
- Cómo es la comunicación en las escenas sexistas.
- Observando la información recogida, determinar qué estereotipos sexistas aparecen.

Finalmente, con la información obtenida, se determina:

- Qué estereotipos de género aparecen.
- Qué roles estereotipados de género se perpetúan.
- Qué características de las imágenes sexistas aparecen.

Las imágenes estereotipadas no aparecen solo en la publicidad comercial; es el caso de este anuncio de una campaña de prevención de VIH-SIDA.

Anuncio campaña prevención VIH-SIDA

Tomando de referencia el esquema de análisis de imágenes, se puede analizar este anuncio de la siguiente forma:

Análisis del contenido	Hombres	Mujeres
Número de personajes	3 hombres	No hay mujeres. Aunque han situado a 3 personas en el anuncio no han colocado a ninguna mujer.
Descripción	3 hombres que tienen 3 preservativos.	No hay mujeres.

Continúa en página siguiente >>

<< Viene de página anterior

Análisis del contenido	Hombres	Mujeres
Estereotipos y roles sexistas	El estereotipo principal es que los hombres son los que compran los preservativos. Tienen un rol activo. Son los que deben tener la iniciativa. Son los que deben tomar la decisión.	Aunque el preservativo protege a hombres y mujeres, el estereotipo es que las mujeres no deben ser las que los compren. Estereotipo de pasividad sexual. Ausente en toma de decisiones.
Análisis del argumento	**Hombres**	**Mujeres**
Resumen del argumento	Los preservativos protegen del VIH/sida, las enfermedades de transmisión sexual y los embarazos no deseados.3 hombres van a protegerse usándolos. 3 hombres han comprado 3 preservativos porque solo valen 1 euro.	Las mujeres no han ido a aprovechar la oferta de 3 preservativos por 1 euro. Las mujeres o no se protegen con preservativos o no son ellas las que los compran.
Papel personajes	Compradores y usuarios de preservativos.	No compradoras de preservativos, puede que no usuarias.
Historias incluidas y excluidas	Solo incluye los preservativos masculinos. Excluye el motivo por el que están desnudos.	Excluye la historia de por qué las mujeres no han ido a comprar los preservativos. Excluye a los preservativos femeninos.
Estereotipos y roles sexistas	El estereotipo masculino es que los hombres son los que deben comprar los preservativos.	El estereotipo femenino es que ellas están ausentes en el proceso de decisión de compra de los preservativos.

Lo más destacable con diferencia es que no aparece ninguna mujer en el anuncio. En la imagen hay espacio para tres personas y ninguna es mujer.

Tomando la información recopilada, se puede determinar:

- **Qué características de las imágenes sexistas aparecen:** las mujeres, au-sentes, no parecen capaces de asumir la responsabilidad de comprar los preservativos; la imagen de la mujer está tan infravalorada que ni siquiera aparece; utiliza el cuerpo desnudo del hombre como reclamo de atención, sin ningún motivo aparente; propone una sexualidad femenina pasiva que no participa en la compra de preservativos. La característica fundamental es la exclusión de la mujer en el contexto del anuncio.

■ **Qué estereotipos de género aparecen:** el hombre como ser activo que toma las decisiones, que lleva la iniciativa, que se protege, que compra y usa los preservativos. El estereotipo femenino es la ausencia en la toma de decisiones, la ausencia en la compra de los preservativos y la exclusión de sus posibilidades, como la existencia de los preservativos femeninos.

■ **Qué roles estereotipados de género se perpetúan:** el varón es el que elige los preservativos, el que manda, el responsable.

Las imágenes sexistas aparecen en un entorno habitual a través de símbolos que se utilizan y entienden sin cuestionarlos. Un buen ejemplo es el logotipo informativo de los medicamentos.

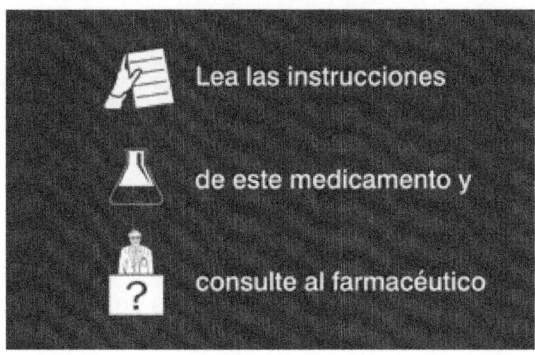

Logotipo información medicamentos

Se puede observar cómo la autoridad es el farmacéutico; el análisis de la imagen muestra que se trata de una imagen sexista, donde se puede ver:

■ **Qué características de las imágenes sexistas aparecen:** se excluye a las mujeres.

- **Qué estereotipos de género aparecen:** el icono es el de un varón y se utiliza un lenguaje sexista al usar "farmacéutico" pudiendo usar "farmacia" o cualquier otra expresión que incluyera a las mujeres.
- **Qué roles estereotipados de género se perpetúan:** el rol del hombre asociado a la ciencia y la autoridad.

Hay símbolos que son sexistas porque expresan una situación sexista en sí. Es el caso de los símbolos de los cuartos de baño públicos.

En la imagen se puede ver el símbolo de un baño público, para mujeres, con cambiador de pañales.

En este caso la imagen es sexista porque asume que solo las mujeres necesitan cambiar los pañales a sus bebés. El análisis de la imagen demuestra que se trata de una imagen sexista, donde se puede ver:

- **Qué características de las imágenes sexistas aparecen:** indica qué cosas pueden o no pueden hacer hombres y mujeres. Los hombres no pueden cambiar los pañales, las mujeres sí.
- **Qué estereotipos de género aparecen:** la mujer es la única que necesita cambiar a sus hijos e hijas. Los hombres no cuidan de sus bebés. Los cambiadores por tanto deben estar en el cuarto de baño de las mujeres y no en el de los hombres.
- **Qué roles estereotipados de género se perpetúan:** la mujer como cuidadora y el hombre excluido de la crianza.

Aplicación práctica

Realice un análisis de las siguientes ilustraciones, indicando qué características de las imágenes sexistas presentan y qué estereotipos y roles de género aparecen.

Anuncio de detergente

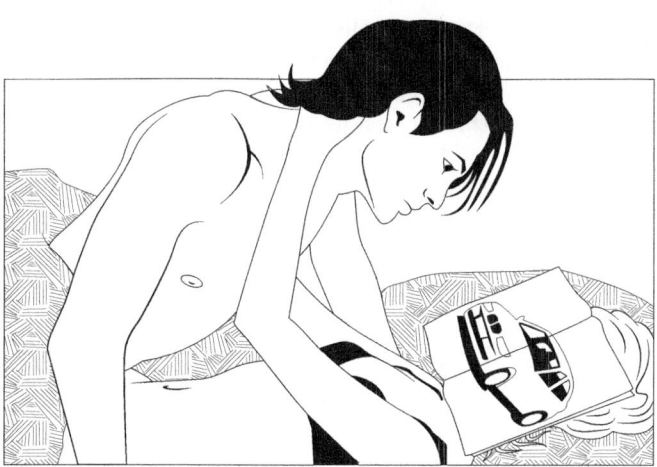

Anuncio de coches

Continúa en página siguiente >>

<< Viene de página anterior

Anuncio de empresa de seguridad y limpieza

SOLUCIÓN

Con respecto a la primera imagen:

I **Qué estereotipos de género aparecen**: mujer madre, encargada del cuidado de los demás y las tareas domésticas. Mujer satisfecha por mantener feliz a su familia, a su hijo.
I **Qué roles estereotipados de género se perpetúan**: la mujer es la que se encarga de las tareas de limpieza y cuidado de menores. El hombre no aparece realizando ninguna tarea doméstica, ni siquiera está presente.
I **Qué características de las imágenes sexistas aparecen**: sitúa a la mujer, exclusivamente, en el ámbito doméstico y dedicada al cuidado de las demás personas. Excluye a los hombres del espacio doméstico y de la crianza.

Con respecto a la segunda imagen:

I **Qué estereotipos de género aparecen**: hombre heterosexual, activo sexualmente, dominante, teniendo relaciones con mujer pasiva y además anónima. La mujer es sumisa, acepta la revista en su cara.
I **Qué roles estereotipados de género se perpetúan**: el rol del varón dominante.
I **Qué características de las imágenes sexistas aparecen**: la revista en la cara de la mujer es una humillación, por lo que se frivoliza con la violencia de género. Infravalora la imagen de la mujer y la ridiculiza. Muestra a la mujer en una situación vejatoria. Se usa a la mujer como objeto.

Continúa en página siguiente >>

<< Viene de página anterior

Con respecto a la tercera imagen:

▮ **Qué estereotipos de género aparecen:** la mujer es tierna, el hombre agresivo. El varón es el fuerte, el que tiene la autoridad. La figura femenina sonríe, representa el cuidado y la limpieza. La figura masculina es agresiva, significa el poder, la agresividad, la determinación.

▮ **Qué roles estereotipados de género se perpetúan:** se ha utilizado una figura femenina (aunque animalizada) para representar a las limpiadoras y la figura de un hombre para representar la seguridad, por lo que perpetúa el rol de la feminización de las tareas de limpieza para las mujeres y las actividades de acción y responsabilidad para los hombres.

▮ **Qué características de las imágenes sexistas aparecen:** ridiculiza e infravalora la imagen de la mujer limpiadora al asimilarla a la imagen de un animal, concretamente a una zorra. Sin embargo, al varón lo representa de forma humana, reforzado por un animal en su tarea.

4. El papel de los medios de comunicación en la construcción del género

A pesar de la progresiva incorporación de la mujer al mercado laboral y la creciente participación de los hombres en actividades consideradas como específicamente femeninas, los medios de comunicación no muestran este progreso social.

Los medios de comunicación son portavoces de la opinión pública, referentes sociales; son instrumentos de poder que mandan mensajes impactantes; participan en la construcción de la identidad de las personas, organizan y estructuran la visión del mundo y de los valores.

Envían mensajes sobre lo positivo y lo negativo, sobre lo deseable o lo inaceptable; dictan cómo deben ser las personas, cómo deben sentir y qué tienen que hacer según si son mujeres u hombres.

Los medios de comunicación participan en la construcción de género a través de sus mensajes. Las personas los interiorizan y asimilan las características que se atribuyen a su género para poder encajar con los modelos sociales preestablecidos.

Así mismo son simultáneamente productores y reproductores de los estereotipos de género; lo que ha caracterizado a la mujer en los medios de comunicación ha sido su ausencia en el lenguaje y su explotación sexual en las imágenes. Especialmente en publicidad el cuerpo de la mujer está cosificado, haciendo frecuentemente la función de adorno de un producto o embelleciendo una situación con su presencia, mientras la figura del varón es la autoridad, la experiencia y el conocimiento.

 Sabía que...

El 70 % de las voces en *off* de los anuncios son de hombre.

5. Propuesta de alternativas que rompan con los estereotipos sexistas

Son tres las herramientas principales para la ruptura de estereotipos sexistas: el uso del lenguaje no sexista, el uso de imágenes no sexistas y la denuncia y comunicación de las situaciones de desigualdad.

El equipo de intervención debe aplicar en su organización de trabajo normas relativas a las políticas respecto al lenguaje inclusivo y no sexista, así como al uso de imágenes. Puede hacerse dentro del Plan de Igualdad de la organización a través de una guía que sirva de referencia a los trabajadores y las trabajadoras para realizar sus actividades. Se deben aplicar las estrategias en todos los espacios comunicativos:

- Documentos administrativos, como formularios.
- Documentos cerrados: son aquellos que tienen una persona destinataria conocida, como correos electrónicos o cartas.
- Documentos abiertos: son aquellos en los que no se conoce a la persona destinataria, como circulares internas.
- Proyectos, convocatorias, concursos, relación de puestos de trabajo, ofertas de empleo, ayudas, subvenciones, campañas institucionales.
- Cualquier medio comunicativo que lleve texto o imágenes: carteles, folletos, *flyers,* boletines, *merchandising,* imagen corporativa, páginas web, redes sociales.

 Actividades

2. A lo largo de los años, distintos organismos públicos han publicado guías sobre el uso de un lenguaje no sexista, con el objetivo de servir como herramientas de inclusión. Realice una búsqueda en internet y cite dos ejemplos actuales.

5.1. Manejo de estrategias para el uso del lenguaje no sexista

El masculino genérico invita a la confusión y es injusto con las mujeres. El sistema lingüístico español ofrece múltiples posibilidades para evitar el genérico masculino. Actualmente, como norma, no se utiliza en documentos gubernamentales y esta práctica se está extendiendo cada vez más.

Las personas profesionales en materia de igualdad entre mujeres y hombres deben hacer especial énfasis en **evitar el masculino genérico;** ya que van a tener que hacer alusión a mujeres y hombres por separado, pues deben aplicar la perspectiva de género en todos los ámbitos de sus actuaciones.

Actividades

3. El Instituto de las Mujeres pone a disposición del público en su página web un recurso didáctico denominado "Serie lenguaje". Búsquelo y explique en qué consiste. ¿Le parece útil? ¿Qué uso podría darle?

Recursos para evitar el masculino genérico

A continuación, se exponen recursos para evitar el masculino genérico y construir discursos más igualitarios en los que se incluya a las mujeres.

Usar denominaciones dobles

Es correcto utilizar la misma palabra en masculino y en femenino; al hacerlo se está representando a todas las personas y no se excluye a nadie.

 Ejemplo

Denominación doble: "Los hijos y las hijas".

Usar sustantivos genéricos o colectivos

Buscando palabras que engloben a hombres y mujeres o que sirvan para nombrarlos colectivamente.

 Ejemplo

Masculino genérico: "los alumnos".
Genérico: "personas estudiantes". **Colectivo:** "alumnado".

Usar perífrasis

Se utiliza una expresión explicativa en lugar del masculino genérico.

 Ejemplo

Masculino genérico: "los españoles".
Perífrasis: "las personas de nacionalidad española".

Omitir referencias directas al sujeto

Se redacta la frase o expresión de forma que se elimina la referencia al sexo. Se puede hacer de varias formas, con el uso impersonal del "se" y el uso de infinitivos y gerundios.

 Ejemplo

Masculino genérico: "El interesado debe firmar la solicitud".
Uso impersonal del "se": "Se debe firmar la solicitud".

Continúa en página siguiente >>

<< Viene de página anterior

Uso de infinitivo: "Es necesario firmar la solicitud".
Uso de gerundio: "Firmando la solicitud".

Omitir o sustituir pronombres o artículos

En ocasiones, es el artículo o el pronombre el que determina el género de los sustantivos, por lo que se pueden variar para evitar el masculino genérico, omitiendo el artículo o usando un pronombre.

 Ejemplo

Masculino genérico: "Los participantes en las jornadas".
Omisión del artículo: "Participantes en las jornadas".
Uso de un pronombre: "Quienes participen en las jornadas".

Utilizar construcciones metonímicas

La metonimia es una figura retórica que consiste en la reformulación de la frase; en el caso del masculino genérico, se usa para sustituirlo por palabras que designen la profesión, el cargo o el oficio.

 Ejemplo

Masculino genérico: "Los directores", "los jefes".
Construcción metonímica: "La dirección", "la jefatura".

Nombrar los cargos, oficios y profesiones en masculino y en femenino

Apenas se utilizan los sustantivos femeninos que tradicionalmente designaban a las esposas de ciertos cargos (como usar "alcaldesa" para la esposa del "alcalde"). Es absolutamente correcto y, además, necesario, designar los oficios, cargos y profesiones que ejerzan las mujeres por sus sustantivos en femenino.

Es correcto utilizar jueza, abogada, rectora, usuaria, etc. De la misma forma que es correcto usar enfermero, modisto, amo de casa.

Utilizar aposiciones explicativas

Para aclarar ambigüedades que pueda provocar el uso del masculino genérico, se pueden utilizar las aposiciones explicativas, que consiste en usar fórmulas lingüísticas que expliquen y aclaren si los términos se refieren a hombres, a mujeres o a ambos sexos.

 Ejemplo

Masculino genérico: "Estudio del acceso a internet de los jóvenes".
Aposiciones explicativas: "Estudio del acceso a internet de jóvenes, hombres y mujeres"; "de jóvenes de ambos sexos".

El uso de la concordancia

Cuando se usan denominaciones dobles que van acompañadas de otras palabras, como adjetivos, se recomienda que concuerde con el término que esté más cerca.

Ejemplo

"Los candidatos y candidatas escogidas". En este caso el adjetivo lleva el género del término que está más cerca.

El uso de barras

El símbolo de la barra / es una herramienta útil desde un punto de vista práctico (por ejemplo, usar maestros/as) pero aporta poco estilo a un texto. Es un recurso que sigue situando a la mujer en segunda posición con respeto al varón, minimizando el concepto femenino a una sílaba, cuando en el lenguaje existen palabras ricas y completas para designar a las mujeres y se puede hacer uso de ellas sin ninguna contraindicación.

 Sabía que...

La arroba @ aparece en contextos informales para incluir a hombres y mujeres, sobre todo en los espacios relacionados con las nuevas tecnologías: en páginas web, chats y redes sociales. No es recomendable usarla fuera de estos contextos.

 Aplicación práctica

Suponga que trabaja en una organización que gestiona unos cursos de formación gratuitos para personas desempleadas. Para promocionar uno de los cursos diseñan un texto que colgarán en internet y con el que también harán publicidad a través de carteles y folletos. Detecte qué expresiones son sexistas en el texto y explique el motivo. Proponga alternativas lingüísticas para que el texto sea comunicativo de una forma igualitaria.

Continúa en página siguiente >>

<< Viene de página anterior

CURSOS GRATUITOS PARA DESEMPLEADOS
CURSO 10B: LIMPIADORA DE OFICINAS

TEMARIO:

- *Definición del puesto.*
- *Seguridad laboral.*
- *Derechos del trabajador.*
- *El cliente.*

Los participantes deben tener entre 18 y 45 años.
Tendrán prioridad los desempleados con hijos y las víctimas de violencia de género.
Los solicitantes deben presentar un certificado donde conste su situación como desempleados.
Una vez revisadas las solicitudes se publicará una lista con los admitidos en nuestra página web.
Los interesados pueden mandar los documentos escaneados a nuestro *e-mail*, al director de recursos humanos.

SOLUCIÓN

En el texto aparece un abuso del masculino genérico: utiliza "desempleados", "los participantes", "hijos", "admitidos", "interesados" y no nombra a las mujeres. Las únicas menciones en femenino son "limpiadora" y "las víctimas de violencia de género". Se ha feminizado tanto la profesión de limpiadora que se ha expresado en femenino, dando lugar a confusión sobre si el curso está dirigido a mujeres exclusivamente o también pueden participar los varones. Así mismo, los términos "Derechos del trabajador" y "El cliente" excluyen a las mujeres del mercado laboral y elimina la posibilidad de que existan también "las clientas". Puesto que el curso está dirigido a hombres y mujeres, una redacción más igualitaria podría ser la siguiente:

Continúa en página siguiente >>

<< Viene de página anterior

CURSOS GRATUITOS PARA **PERSONAS DESEMPLEADAS**
CURSO 10B: **PROFESIONAL DE LIMPIEZA** EN OFICINAS

TEMARIO:

- *Definición del puesto.*
- *Seguridad laboral.*
- *Derechos laborales.*
- *Clientela.*

Quienes participen deben tener entre 18 y 45 años.
Tendrán prioridad **las personas desempleadas con menores al cargo y víctimas de violencia de género.**
Se debe presentar un certificado donde conste la **situación de desempleo.**
Una vez revisadas las solicitudes se publicará una lista con las **personas admitidas** en nuestra página web.
Las personas interesadas pueden mandar los documentos escaneados a nuestro *e-mail,* a **la dirección** de recursos humanos.

5.2. Manejo de estrategias para el uso de imágenes no sexistas

Teniendo en cuenta las características de las imágenes sexistas, es necesaria una serie de estrategias en el tratamiento de las imágenes para que representen fielmente a hombres y mujeres:

- Representar a hombres y mujeres en espacios y actividades diversas, no encasillándolos en los típicos roles de género.
- No tomar como modelo único de referencia lo masculino, evitando la perspectiva androcéntrica. Representar al conjunto global de personas con iconos y símbolos que incluyan a mujeres y hombres.
- Hacer un análisis de impacto de género sobre los contenidos de las imágenes: cómo representan a hombres y mujeres y cómo les afecta dicha representación.

- Dar a conocer la diversidad de hombres y mujeres que hay en la sociedad, evitando presentar un modelo único estereotipado, naturalizando las imágenes de personas que se salen de los estereotipos de género y presentándolas como algo normal.
- Evitar las imágenes discriminatorias o denigrantes.
- Mostrar una participación y representación equilibrada: la cantidad de hombres y mujeres que aparecen, el espacio que ocupan sus figuras y el tiempo que aparecen.
- Promover relaciones igualitarias y libres de violencia.

Campaña de sensibilización del Instituto de las Mujeres

5.3. Acciones de denuncia y comunicación

La Ley 13/2022, de 7 de julio, General de Comunicación Audiovisual establece que la comunicación audiovisual nunca podrá incitar a la violencia, al odio ni a la discriminación, entre otras causas, por razón de sexo, orientación sexual, identidad o expresión de género, o características sexuales o genéticas.

Cualquier persona física o jurídica puede presentar una queja sobre contenidos audiovisuales discriminatorios a la autoridad audiovisual competente. En España actualmente dicha entidad es la CNMC (Comisión Nacional de los Mercados y la Competencia). Si la autoridad considera que el contenido denunciado es efectivamente sexista, solicitará a quien preste el servicio de la imagen que modifique dicho contenido o que lo retire. Si la entidad anunciadora lo modifica o lo elimina no tendrá sanción, en caso de que se considere una infracción leve. Se puede realizar una denuncia directamente en la CNMC presentándola por escrito en su registro, ya sea de forma digital a través de su página web o por correo ordinario.

Se pueden presentar denuncias sobre imágenes sexistas en los Observatorios de la Imagen de algunas Comunidades Autónomas, como el Observatorio Andaluz de la Publicidad no sexista; en los Institutos de la Mujer de las Comunidades Autónomas y en el Instituto de las Mujeres; en el Observatorio de la Violencia de Género; en las asociaciones de consumidores y consumidoras y otras organizaciones. Las entidades presentarán la denuncia como institución a la CNMC.

El órgano más reconocido en la recogida de denuncias y el tratamiento de la información es el **Observatorio de la Imagen de las Mujeres,** órgano del Instituto de las Mujeres. Se puede presentar la queja por escrito enviándola por correo electrónico, correo postal o llamando por teléfono, describiendo lo más detalladamente posible el contenido que se pretende denunciar y una imagen del mismo. Todos los datos de contacto están en su página web.

 Actividades

4. Visite la página web del Instituto de las Mujeres y localice la sección donde se pueden denunciar los estereotipos sexistas.

Sea cual sea el organismo al que se presente la denuncia, el formato general para exponer la queja debe detallar los siguientes puntos:

- Datos: tanto si es de una persona particular o una organización, hay que detallar nombre, dirección y modo de contacto.
- Tipo de contenido denunciado: publicitario o no publicitario.
- Medio de difusión: televisión, prensa, radio, cine, internet o soportes informáticos, vallas y mobiliario urbano, autobús o metro, promociones, folletos, otros medios. Momento de difusión de la imagen o espacio donde esté ubicada.
- Nombre del medio de difusión, del anunciante y del producto o marca en caso de que fuera publicidad comercial.
- Descripción del contenido de la imagen y motivo de la queja: se debe exponer el análisis de la imagen desde una perspectiva de género, explicando los estereotipos sexistas que aparezcan.

 Actividades

5. Localice en la página web del Instituto de las Mujeres el informe anual más reciente sobre denuncias de contenidos sexistas. Observe los mensajes publicitarios denunciados. ¿Reconoce en ellos características de las imágenes sexistas? ¿Identifica qué estereotipos de género aparecen?

6. Resumen

El uso del lenguaje no es inocente. A lo largo del capítulo 2 se ha podido comprobar cómo el uso de un lenguaje sexista discrimina y excluye a las mujeres. Se han presentado estrategias para detectar y corregir este tipo de lenguaje que no incluye a la mujer o la sitúa en una posición de subordinación.

En cuanto a las imágenes en los medios de comunicación sociales, se ha propuesto un análisis con perspectiva de género que permita reconocer los estereotipos sexistas y las consiguientes estrategias para producir imágenes igualitarias.

Los medios de comunicación influyen en la construcción de la identidad de hombres y mujeres, enviándoles mensajes estereotipados que se interiorizan. Las personas profesionales en materia de igualdad tienen las herramientas para realizar acciones de cambio en las organizaciones y denuncias sociales para destruir los mensajes estereotipados y construir otros nuevos e igualitarios.

Ejercicios de repaso y autoevaluación

1. **De las siguientes opciones, indique cuál es la correcta:**

   a. Una imagen es sexista cuando incluye escenas de sexo.
   b. Una imagen es sexista cuando frivoliza o justifica cualquier tipo de violencia de género.
   c. Una imagen es sexista cuando pretende combatir las discriminaciones de género.
   d. Una imagen es sexista cuando trata sobre el sexismo.

2. **¿En qué espacios comunicativos de una organización deben aplicarse medidas para el uso de un lenguaje inclusivo y no sexista, así como para el tratamiento de imágenes?**

   _____
   _____
   _____
   _____
   _____
   _____
   _____

3. **Explique en qué consiste la regla de la inversión en el análisis del lenguaje y en el análisis de las imágenes.**

   _____
   _____
   _____
   _____
   _____
   _____
   _____

4. **Complete la siguiente frase:**

   Las mujeres necesitan ser nombradas para _____.

5. Explique qué son las denominaciones dobles. ¿Es correcto su uso? ¿Por qué?

_____

_____

_____

_____

6. Explique cómo influyen los medios de comunicación en la construcción del género.

_____

_____

_____

_____

_____

_____

_____

7. De las siguientes opciones, indique cuál es la correcta:

a. Desde una perspectiva de género, el uso del masculino genérico es muy cómodo y práctico.
b. Desde una perspectiva de género, el uso del masculino genérico oculta e invisibiliza a la mujer.
c. Desde una perspectiva de género, el uso del masculino genérico es lo normal y lo recomendable porque es lo que se ha hecho tradicionalmente.
d. Desde una perspectiva de género, el uso del masculino genérico incluye a la mujer.

8. De las siguientes frases, indique cuál es verdadera o falsa:

a. Es correcto nombrar los cargos, oficios y profesiones tanto en masculino como en femenino.

☐ Verdadero
☐ Falso

b. Solo las instituciones pueden presentar denuncias sobre contenidos audiovisuales de contenido sexista.

☐ Verdadero
☐ Falso

c. Los documentos gubernamentales utilizan el masculino genérico como
norma.

☐ Verdadero
☐ Falso

9. **Indique tres estrategias para usar imágenes no sexistas.**

_____

_____

_____

_____

_____

_____

_____

10. **Realice un esquema del formato que debe tener una denuncia sobre una imagen de
contenido sexista en medios audiovisuales.**

_____

_____

_____

_____

_____

_____

_____

Capítulo 3
Espacios cotidianos de participación: identificación de desigualdades e intervención teniendo en cuenta la diversidad de las personas

Contenido

1. Introducción

El espacio que las sociedades patriarcales han asignado a las mujeres ha sido tradicionalmente el espacio privado y doméstico, reservando el espacio público para los varones. La evolución social y las reivindicaciones de las mujeres han permitido la progresiva incorporación de la mujer al espacio público, donde se desarrolla la economía, la política, el empleo, el arte y la cultura. Pero a pesar de esta evolución sigue habiendo una proporción menor de mujeres que de hombres en los espacios de toma de decisiones y de mayor responsabilidad. Los varones, por su parte, han hecho incursión en el ámbito doméstico, pero no de forma proporcional al movimiento de mujeres hacia el espacio público, lo que genera grandes desigualdades.

Las mujeres no pueden acceder a los beneficios y recursos de la misma forma que los hombres, por lo que se hace necesario tomar medidas positivas que fomenten la participación femenina en el espacio público, como los sistemas de cuotas, y una representación paritaria en los puestos de responsabilidad y toma de decisiones.

Las necesidades individuales, especialmente las de las mujeres, han sido ignoradas para ocultar las luchas de poder que se dan en el uso de los espacios participativos y que determinan el acceso y el control de los recursos.

2. Detección de ámbitos y niveles de participación y su vinculación con el orden de género establecido

Los espacios de participación son ámbitos en los que se reflejan los conflictos de poder. Es muy frecuente considerar que los espacios de participación son neutros, que están al margen de las luchas de poder, que la igualdad jurídica proporciona igualdad en el acceso. Para mantener esta falsa creencia se han ocultado los intereses individuales, especialmente los de las mujeres, mientras que los hombres han mantenido sus privilegios como grupo, en detrimento de los derechos de las mujeres.

Generalmente, los espacios de toma de decisiones son tomados por los varones, por lo que las mujeres han tenido que encontrar sus espacios de participación pública en las tareas colectivas de asociaciones, sindicatos, como voluntarias en servicios públicos y en el activismo social.

Esta situación está cambiando; crece la participación femenina en los espacios políticos pero no con la suficiente proporción, por lo que se toman medidas en políticas públicas para fomentar la presencia femenina.

La participación equilibrada de mujeres y hombres, en todos los niveles de responsabilidad y en todos los ámbitos de la sociedad, es un ejercicio de justicia social y de democracia, que no solo beneficia a las mujeres, sino que es positivo para toda la sociedad en su conjunto.

 Sabía que...

Desde una perspectiva económica, la participación equilibrada de mujeres y hombres en el espacio público y privado se traduce en una economía más sostenible, con mayores tasas de empleo, índices de natalidad sustentables y una mejora de la cohesión social.

2.1. Participación de las mujeres en el espacio público (económico, laboral, asociativo, ocio y calidad de vida, entre otros)

A pesar del desarrollo social, actualmente la participación y representación de las mujeres en niveles elevados de responsabilidad y toma de decisiones siguen siendo muy bajos, especialmente en los ámbitos económicos, financieros y políticos.

El nivel formativo de las mujeres ha aumentado, pero este crecimiento no se ha reflejado de forma proporcional en un mayor acceso a puestos de responsabilidad, lo que significa una pérdida de talento para la sociedad.

La presencia de las mujeres en el espacio económico siempre ha sido fuerte, pero ha estado invisibilizada. La mujer ha realizado gran cantidad de trabajos no remunerados que han servido para el desarrollo de la sociedad, pero que no son reconocidos.

Las personas que están en el ámbito de la toma de decisiones son las que determinan el funcionamiento de la sociedad. Si la participación de hombres y mujeres no es equilibrada, la repartición de bienes será también desequilibrada.

 Sabía que...

En el año 2018, la mayoría de directores de los bancos centrales de los Estados Miembros de la Unión Europea eran varones, a excepción de una sola mujer.

En el año 2023, todos los gobernadores de los bancos centrales nacionales de los Estados Miembros son varones, salvo la presidenta del BCE y un miembro del comité ejecutivo.

En cuanto al espacio laboral, los empleos a jornada parcial y los temporales son ocupados mayoritariamente por mujeres, lo que supone una serie de desventajas frente a los varones, como menor salario y menor protección social (subsidios, ayudas, jubilación).

Las mujeres ocupan en mayor medida los empleos precarios, los trabajos no cualificados y peor retribuidos, lo que supone un acceso más deficiente que los hombres al crédito y las propiedades. A pesar del aumento del nivel formativo de las mujeres, la representación femenina en altos cargos directivos sigue siendo muy escasa. Y la mayoría de las mujeres que están en estos cargos de toma de decisiones lo hacen en el ámbito sociocultural, mientras los espacios relativos a la economía le están prácticamente vetados.

La división sexual del trabajo no solo ha vetado profesiones a las mujeres, sino que también ha infravalorado sistemáticamente las profesiones y actividades consideradas femeninas.

Desde una perspectiva económica, cuando las mujeres pueden desarrollar todo su potencial en el trabajo crecen los beneficios macroeconómicos de los países. El trabajo de la mujer puede ser un factor muy importante para reducir la pobreza en los países en vías de desarrollo. La presencia en igualdad de condiciones y en proporción equilibrada a la presencia del varón es una necesidad económica y es una prioridad en las políticas europeas. Los países europeos que cuentan con mayor representación de mujeres en el mundo laboral tienen mayores niveles de ingresos económicos per cápita.

El espacio político ha estado reservado a los varones, de modo que las mujeres han encontrado sus espacios de participación política en el tejido asociativo. En España la incorporación constante de la mujer a la política se produce a partir de la Transición, creciendo paulatinamente el número de mujeres afiliadas a partidos y sindicatos.

Las mujeres han accedido en menor medida al espacio político hasta tiempos recientes, pero su participación en la vida comunitaria ha sido masiva, jugando un papel de agentes mediadoras entre las personas de la comunidad y las autoridades.

Las organizaciones de mujeres surgen ante la necesidad de encontrar y generar espacios de participación no relacionados con el espacio doméstico y el ámbito familiar. Las asociaciones de mujeres han permitido el intercambio de experiencias y la reivindicación de derechos, la expresión de intereses e inquietudes y la visibilización de las necesidades específicas femeninas. El movimiento asociativo es un elemento de integración y de participación en los asuntos sociales, públicos y políticos. Recientemente los hombres, por su parte, están investigando nuevas formas de masculinidad que encajen mejor con los valores actuales y con modelos más igualitarios, tomando cada vez más relevancia las asociaciones masculinas con intereses enfocados a la igualdad de género y de oportunidades.

Las tareas del hogar y las actividades en la comunidad han sido desarrolladas en mayor proporción por mujeres que por hombres. Ellas han sido las responsables del bienestar de la familia y de la subsistencia y cuidado de sus miembros, por lo que los espacios de calidad de vida han estado ocupados en gran proporción por mujeres.

Las mujeres se han visto obligadas a pasar gran parte de su tiempo en el mantenimiento de la familia, el cuidado de los demás y las tareas domésticas. Como estas son actividades que no tienen reconocimiento ni horarios, las mujeres no han podido disfrutar de tiempo de ocio, que es el tiempo libre que queda cuando se han cubierto las obligaciones y que se dedica al desarrollo personal y al disfrute. Las tareas reproductivas nunca terminan y no está determinado el tiempo libre que queda entre obligaciones. Mujeres con una doble jornada se encuentran con grandes dificultades para tener tiempo para el ocio.

 Sabía que...

En el año 2017 las mujeres alcanzaron a representar el 29,2 % de los órganos superiores y altos cargos en la Administración General del Estado, pasando a ser esta representación en 2023 del 41,8 %. Ha habido una evolución considerable, superando de forma leve la proporción de 40 % - 60 %, establecida por la LOIEMH.

2.2. Participación de los hombres en el espacio doméstico

La división sexual del trabajo ha situado al hombre en el espacio público y actualmente, en nuestra sociedad, se siguen manteniendo unas bajas tasas de participación de los varones en el ámbito doméstico y familiar.

La socialización sexista produce comportamientos homogeneizados en los grupos de mujeres y hombres; entre estos comportamientos se encuentra la desvinculación de los hombres de las tareas reproductivas.

No existe una identidad de masculinidad única, pero la sociedad, con sus estructuras de socialización patriarcales, impone un modelo masculino hegemónico, cuyas características sitúan al varón lejos del espacio doméstico.

Actualmente, el modelo familiar en el que el varón es el proveedor y la mujer es la encargada de las tareas reproductivas es el predominante frente al modelo inverso. Y en el caso de familias en las que hombre y mujer trabajan, apenas se ha aumentado el tiempo de dedicación de los varones al espacio doméstico. Solo se aprecia una disminución del tiempo que la mujer trabajadora dedica al hogar y la crianza, evidenciado por la incompatibilidad con los horarios laborales y la escasa incorporación del hombre al espacio doméstico.

Con la progresiva incorporación de las mujeres al campo del empleo formal se esperaba que se produjera esa misma incorporación de los hombres al espacio doméstico. En los años sesenta se esperaba un efecto de "puerta giratoria": se suponía que el hombre, más aliviado en sus cargas como proveedor, gracias al trabajo de la mujer, se involucraría cada vez más en las actividades del hogar, el cuidado y la crianza. Sin embargo, actualmente ese cambio no está sucediendo con la suficiente magnitud.

 Sabía que...

Según la última Encuesta del Empleo del Tiempo del INE (Instituto Nacional de Estadística), el 74,7 % de los hombres encuestados participaban en las tareas domésticas, frente al 91,9 % de las mujeres. Sin embargo, a pesar de que un alto número de hombres realizaba tareas del hogar, las mujeres dedicaban diariamente a estas actividades una media de 2 h y 13 min más que los hombres.

La participación ecuánime de los hombres en las actividades y responsabilidades familiares y domésticas supone beneficios para los dos sexos, así como al conjunto de la sociedad. No solo supone beneficios prácticos para las personas, sino que es además una práctica de justicia social ante una situación de discriminación por causa de género. La estricta división sexual del trabajo no puede tener espacio en una sociedad moderna que se preocupa por desarrollar modelos más justos e igualitarios.

El reparto de las tareas domésticas alivia la carga de trabajo de las mujeres y les permite disponer de más tiempo. Si las responsabilidades domésticas son compartidas no se ven obligadas a elegir entre las tareas reproductivas o el trabajo. Pueden promocionarse en sus empleos al tener más tiempo para formarse o instruirse y dedicar tiempo al desarrollo personal, el tiempo libre, el ocio.

La participación equilibrada en las tareas reproductivas permite a los varones realizar una paternidad responsable, disfrutar de la crianza y educación de sus hijos e hijas. Les permite ser parte de una realidad sin divisiones en la que las personas mantienen su propio bienestar y el de los demás a través de los cuidados y las relaciones interpersonales. Les ayuda a fomentar identidades igualitarias en sus hijas e hijos a través del ejemplo y practicar el afecto a su familia.

 Actividades

1. Localice en internet una noticia actual sobre la participación de los hombres en las tareas domésticas. Tras su lectura y análisis, ¿qué conclusiones obtiene?
2. Observe una familia (puede ser la suya u otra familia que conozca) y rellene el siguiente cuadro sobre el tiempo que dedica cada miembro a diversas actividades.

Actividad	Mujer	Hombre	Otro miembro familiar Hombre	Otro miembro familiar Mujer	Hija o hijo
Empleo					
Tareas domésticas					
Cuidados personales					
Cuidados familiares					
Tiempo libre y ocio					
Relaciones personales					
Formación					
Otros					

Continúa en página siguiente >>

<< Viene de página anterior

¿Qué miembro de la familia se encarga mayoritariamente de las tareas domésticas?
¿Está el hombre involucrado en las tareas reproductivas el mismo tiempo que la mujer?
¿Están repartidas las tareas de forma ecuánime?

2.3. Análisis del nivel de participación de las mujeres en el ámbito público

Para conocer el nivel de participación de las personas, según su sexo, en los diferentes espacios participativos, se cuantifica cuántos hombres y cuántas mujeres participan en un ámbito en un momento dado y se aplican los indicadores de género.

Se utilizan fuentes de información primaria para poder cuantificar la presencia de hombres y mujeres; posteriormente se analizan aplicando los indicadores cuantitativos de género, especialmente los datos estadísticos disponibles a través de los institutos de estadística.

En muchos ámbitos se toma como referencia de paridad la proporción propuesta en la Ley Orgánica 3/2007, de 22 de marzo, para la igualdad efectiva de mujeres y hombres; una proporción de representación de sexos de 40 % - 60 %, es decir, que ninguno de los sexos puede representar menos del 40 % del total ni más del 60 %.

De modo que para averiguar si se da una representación paritaria en un espacio de participación se hallará la proporción de mujeres y hombres que participan, aplicando el índice de distribución.

En el caso de que los datos de participación se encuentren en puntos porcentuales, será posible medir la brecha de género en el acceso a ese espacio de participación.

También se puede medir la participación a través de indicadores cuantitativos de género diseñados específicamente para el objeto de análisis.

 **Ejemplo**

Se desea obtener información sobre la participación de las mujeres en el ámbito sindical. Indicador de género diseñado: "Proporción de mujeres que se afiliaron a un sindicato en el último año".

Si se pretende analizar un grupo muy grande de personas es recomendable usar los datos primarios que ofrezcan las estadísticas.

En el caso de que el grupo de personas sea más accesible, de menor tamaño, se recomienda generar datos primarios a través de técnicas participativas, como encuestas, entrevistas y grupos de discusión, que ofrecen información de primera mano.

Por ejemplo, si se desea conocer la participación de las mujeres en el espacio del asociacionismo de una ciudad, es posible apoyar los datos recogidos de estadísticas y censos con información propia generada a través de encuestas, entrevistas y grupos de discusión.

Pero si se pretende analizar la participación a nivel nacional o europeo no es posible crear información propia, pues esto lo hacen grandes organizaciones con muchos recursos, como el INE (Instituto Nacional de Estadística) o Eurostat. Posteriormente se contrastan los datos obtenidos con fuentes secundarias. Pasos a seguir para el análisis de la participación:

1. Seleccionar las fuentes de información:

   ▪ Si es un grupo grande o inaccesible: fuentes primarias, en particular estadísticas, apoyadas por fuentes secundarias si es posible.
   ▪ Si es un grupo menor o accesible: fuentes primarias estadísticas y elaboración de fuentes propias de información, como realización de encuestas, entrevistas y grupos de discusión. Comparación con información de fuentes secundarias cuando sea posible.

2. Hallar el número de personas que participan en ese espacio en un momento dado.
3. Desagregar los datos por sexo.
4. Aplicar indicadores de género cuantitativos:

- Índice de distribución.
- Brecha de género.
- Indicadores cuantitativos diseñados para el espacio a analizar.

 Ejemplo

Para analizar la presencia de la mujer en altos cargos públicos, se toma como indicador de género el índice de distribución de hombres y mujeres en la composición de los Parlamentos Autonómicos en un momento dado.

Comunidad autónoma	Número de hombres	Número de mujeres	Índice de distribución de mujeres (%)
Andalucía	55	54	49,54
Aragón	35	32	47,76
Asturias	23	22	48,89
Baleares	31	28	47,46
Canarias	28	32	53,33
Cantabria	22	14	38,89
Castilla-León	49	35	41,67
Castilla-La Mancha	19	14	42,42
Cataluña	77	57	42,54
Extremadura	34	31	47,69
Galicia	41	34	45,33
Madrid	74	55	42,64

Continúa en página siguiente >>

<< Viene de página anterior

Murcia	29	16	35,56
Navarra	26	24	48,00
La rioja	18	15	45,45
C. Valenciana	55	44	44,44
País Vasco	35	40	53,33
Ceuta	15	10	40,00
Melilla	15	10	40,00

Para analizar la composición de los Parlamentos Autonómicos se siguen los siguientes pasos:

1. Seleccionar las fuentes de información. Como se pretende investigar un grupo muy grande de personas y que es inaccesible por su magnitud, se han elegido fuentes primarias para obtener datos primarios cuantitativos, procedentes del Instituto de las Mujeres.
2. Se han averiguado cuántas personas componen los Parlamentos Autonómicos, divididos por Comunidades Autónomas.
3. Se han desagregado los datos por sexo.
4. Se ha aplicado un indicador de género cuantitativo, el índice de distribución de mujeres.

El índice de distribución indica el porcentaje de mujeres que hay en cada Parlamento Autonómico. La fórmula para hallar el índice de distribución de las mujeres es:

Nº de mujeres / (Nº de mujeres + Nº de hombres) · 100.

Las Comunidades Autónomas con un porcentaje de mujeres inferior al 40 % no tienen una representación paritaria de mujeres y hombres.

Observando los resultados se puede decir que se alcanza una representación paritaria en los Parlamentos de la mayoría de las Comunidades Autónomas.

Las Comunidades Autónomas que menor representación femenina presentan en el Parlamento son Cantabria (38,89 %) y Murcia (35,56 %).

Las que presentan mayor representación femenina son Canarias (53,33 %) y País Vasco (53,33 %).

Aplicación práctica

Los datos de la tabla muestran la cantidad de mujeres y hombres que son rectoras y rectores de las universidades de España, en un periodo de tiempo concreto. Si quisiera analizar la presencia de mujeres en altos cargos de las universidades en España, utilizando el indicador de género "Índice de distribución de mujeres rectoras en las universidades españolas" ¿cómo lo realizaría?

Hombres	Mujeres	Total
66	17	83

SOLUCIÓN

Los datos vienen ya desagregados por sexo: 66 hombres y 17 mujeres.

Se aplica el índice de distribución:

Índice de distribución de mujeres = $17/83 \cdot 100 = 20{,}48$ %

Los cargos de rectoras y rectores en España están distribuidos de forma que el 20,48 % lo ocupan mujeres y el resto (79,52 %) lo ocupan hombres. Se puede observar claramente que está muy lejos de alcanzar el 40 % mínimo considerado para una representación paritaria.

Actividades

3. Localice en la página web del Ministerio de Educación, Unidad de igualdad, los datos del profesorado por sexo e indique si existe infrarrepresentación de la mujer.

Aplicación práctica

Analice la presencia de la mujer en el mercado laboral calculando la brecha de género en las tasas de empleo, por edad, según los datos proporcionados.

¿En qué tramos de edad la brecha es mayor?

Edad	Tasa de empleo de hombres	Tasa de empleo de mujeres
16-19 años	7,62	5,57
20-24 años	36,78	34,95
25-54 años	79,21	67,08
55 años y más	26,45	17,52

SOLUCIÓN

Para calcular la brecha de género se aplica la siguiente fórmula:

Tasa de mujeres – Tasa de hombres

Brecha de género de 16-19 años= 5,57 – 7,62 = -2,05
Brecha de género de 20-24 años= 34,95 – 36,78 = -1,83
Brecha de género de 25-54 años= 67,08 – 79,21 = -12,13
Brecha de género 55 años y más= 17,52 – 26,45 = - 8,93

El grupo de edad en el que la brecha de género es mayor es el de 25-54 años.

En todos los tramos de edad hay resultados negativos, lo que significa que la brecha salarial afecta a las mujeres.

2.4. Instrumentos de recogida de información

Existen muchas técnicas para investigar un grupo de personas y los instrumentos de recogida de información dependerán del método seleccionado. A continuación, se presentan los instrumentos de recogida de información más utilizados en intervención social, atendiendo a la metodología utilizada.

Observación

Esta técnica consiste en visualizar un fenómeno que se pretende estudiar. Se puede realizar a través de la observación en sí o a través de la realización de actividades en los contextos que se quieren investigar. **Los instrumentos que se utilizan son:**

- **El registro de información** es un instrumento estructurado en el que se recoge, de forma sistemática, la información recolectada durante la observación y cuyos objetivos se han determinado antes de realizar dicha observación.
- **La guía de observación** es un instrumento estructurado en el que se recogen las indicaciones generales hacia la que debe estar dirigida la observación.
- **El diario de campo** es un registro en el que se plasma, día a día, la información recogida en la observación y las actividades que se realizan.

Encuesta

Consiste en la recogida de información utilizando un documento estandarizado. **El instrumento que se utiliza es el cuestionario,** en el que se plantea una serie de preguntas que se realizan por igual a todas las personas informantes. Las preguntas deben estar relacionadas directamente con los objetivos de la investigación.

Se puede realizar a un amplio número de personas y prácticamente cualquier fenómeno social puede ser estudiado a través de las encuestas.

Recomendaciones para realizar un cuestionario eficaz:

- Redactar las preguntas en un lenguaje sencillo.
- Formular las preguntas de forma concreta y sencilla.
- No hacer muchas preguntas, se recomienda no efectuar más de 30.
- Preferiblemente realizar preguntas cerradas, en las que se elige una de las respuestas propuestas, y que sean medibles numéricamente.
- Cuando se realicen preguntas abiertas no dar a elegir ninguna opción, sino dar espacio para que las personas se expresen individualmente.

Entrevista

Consiste en una conversación entre dos o más personas en la que una es la entrevistadora y las demás son las informantes. **La herramienta que se utiliza es el guion,** que puede ser estructurado o no estructurado:

- **Guion estructurado:** se utiliza para la entrevista focalizada. Es un registro donde se exponen los detalles específicos y concretos que se pretenden conocer a través de preguntas específicas. Durante la entrevista, la persona entrevistadora va exponiendo las cuestiones del guion y recogiendo la información resultante de la conversación.
- **Guion no estructurado:** se utiliza para la entrevista semifocalizada o no focalizada. Consiste en la formulación de preguntas con respuesta libre y permite recoger información que no estaba prevista previamente en el guion.

Grupo de discusión

Es una reunión con varias personas que representan a un grupo más grande que tiene las mismas características. Se utiliza frecuentemente para realizar diagnósticos participativos comunitarios. **Las herramientas de recogida de información son:**

- **Guion de debate:** es una herramienta guía que permite a la persona entrevistadora estructurar y organizar los puntos que pretende que sean debatidos por el grupo.
- **Registro anecdótico:** permite recoger, de manera descriptiva, los hechos o eventos de la investigación, como pueden ser las actitudes de las

personas informantes y las observaciones y sugerencias que aparecen durante la discusión.

3. Distinción entre espacio público, espacio doméstico y espacio privado

La división jerárquica de los espacios tiene consecuencias discriminatorias. Las diferencias entre espacio público, privado y doméstico y su atribución a hombres y mujeres son generadoras de desigualdad.

El **espacio público** se refiere a los ámbitos sociales, políticos y económicos. Son los ámbitos del poder y donde se realiza la toma de decisiones.

El **espacio doméstico** se refiere al hogar. Las actividades que se hacen en el espacio doméstico son las tareas de gestión del hogar, la crianza y el cuidado de personas.

El **espacio privado** es la vida personal, el mundo interior. En el espacio privado se realizan actividades de desarrollo personal y ocio.

La sociedad impone roles estereotipados en los que los hombres dominan el espacio público y las mujeres gestionan el espacio doméstico; en el espacio púbico se desarrollan las actividades remuneradas y en el espacio doméstico se realizan las tareas sin recibir compensación económica.

El modelo patriarcal está siendo superado y las mujeres están cada vez más presentes en el espacio público, pero la sociedad no les permite salir del espacio doméstico, imponiéndoles las tareas domésticas de forma paralela al empleo.

Conociendo la carga que el trabajo doméstico y reproductivo suponen para las personas, y sobre todo para las mujeres, se toman medidas destinadas a contrarrestar los efectos que causan los horarios laborales y que les impide desarrollarse plenamente: son las medidas de conciliación.

3.1. Conciliación y corresponsabilidad

La conciliación es la necesidad que tienen las personas de poder compaginar el empleo con las obligaciones del hogar, las responsabilidades familiares y el tiempo libre. Es llamada conciliación de la vida personal, familiar y laboral.

La corresponsabilidad consiste en repartir, de forma justa y equilibrada, las tareas del hogar y las responsabilidades familiares entre todos los miembros del núcleo familiar: pareja, hijos e hijas y otros miembros.

El objetivo de la corresponsabilidad es que las tareas del hogar y el cuidado no recaigan exclusivamente en las mujeres y se realice una distribución equitativa de dichas actividades.

 Recuerde

Los varones dedican mucho menos tiempo que las mujeres a las tareas domésticas, al cuidado familiar y a la crianza. La corresponsabilidad busca alcanzar un equilibrio en la distribución del tiempo de hombres y mujeres.

Las medidas de conciliación de la vida personal, familiar y laboral tienen como objetivo que las personas puedan desarrollarse integralmente en todos los ámbitos de la vida: especialmente que la vida laboral no sea un obstáculo en el desarrollo vital.

En Suecia, padres y madres pueden dividirse el tiempo de permiso por maternidad/paternidad, que es de hasta 480 días, de la forma que elijan. Esto ha permitido a padres suecos dedicar hasta 1 año exclusivamente a la crianza de sus hijos e hijas. En España el permiso por nacimiento y cuidado de menor es de 16 semanas, ampliables en algunos supuestos, aunque en la práctica se encuentran con grandes dificultades administrativas para ejercer este derecho.

 Actividades

4. Tome de referencia una gran empresa y localice qué medidas complementarias contempla para padres en materia de conciliación.

La Ley Orgánica 3/2007, de 22 de marzo, regula respecto a la igualdad y conciliación que: "Los derechos de conciliación de la vida personal, familiar y laboral se reconocerán a los trabajadores y las trabajadoras de forma que fomenten la asunción equilibrada de las responsabilidades familiares, evitando toda discriminación basada en su ejercicio".

Las medidas en materia de conciliación reguladas en las normas laborales (Estatuto de los Trabajadores y Ley de la Seguridad Social) recogen los siguientes derechos:

■ **Derechos de las personas trabajadoras por nacimiento y cuidado de menor:** tiempo de permiso en el trabajo durante el embarazo, exámenes prenatales, preparación al parto, partos prematuros y partos múltiples;

características de los requisitos de cotización; prestación por riesgo durante el embarazo; ausencia o reducción de la jornada laboral durante la lactancia.

- **Derechos en cuanto a la adaptación de la jornada por motivos personales o familiares:** permisos retribuidos en caso de matrimonio, fallecimiento o enfermedad de parientes; vacaciones y su compatibilidad con los permisos por otros motivos; excedencias por cuidado de familiares, así como excedencias voluntarias por motivos personales.

- **Derechos sobre la efectividad de los contratos:** la prohibición al empresariado de extinguir contratos por causas objetivas relacionadas con la conciliación, como el embarazo y la maternidad, parto y lactancia, así como por paternidad y otros motivos como ser víctima de violencia de género; la obligación del empresariado a pagar indemnizaciones en caso de despido improcedente por estos motivos.

 Aplicación práctica

Suponga que colabora en una asociación enfocada a la orientación laboral de mujeres. Le llega el caso de una mujer que va a contraer matrimonio. ¿Qué derechos tiene en su trabajo en materia de conciliación? Posteriormente la misma mujer se queda embarazada, ¿qué permisos puede pedir en relación a esta situación? Cuando la mujer va a solicitar su permiso por nacimiento y cuidado de menor la empresa decide despedirla, ¿es esto procedente?

SOLUCIÓN

Cuando una persona contrae matrimonio tiene derecho a unos días de permiso para poder conciliar su vida laboral y personal. Cuando se queda embarazada, tiene derecho a permisos para prepararse al parto, asistir a revisiones médicas y para atender el nacimiento de su hijo o hija. Si tiene circunstancias especiales, como partos múltiples, también puede solicitar permisos. Así mismo tiene derecho a la reducción o eliminación de la jornada durante la lactancia. El despido motivado por la situación de embarazo de la mujer es totalmente improcedente y está penado por la ley.

 **Actividades**

5. Visite el portal web de la Seguridad Social y localice los permisos laborales en caso de nacimiento y cuidado de menor. ¿Le parecen suficientes? ¿Añadiría alguna medida o ampliaría algún permiso?

4. Utilización de los espacios formales y espacios informales por parte de mujeres y hombres

La ciudadanía puede participar en la vida política a través dos canales: los espacios formales y los espacios informales.

Los **espacios formales** de participación en política son aquellas organizaciones relacionadas directamente con el gobierno, como los propios partidos políticos, los ayuntamientos o los parlamentos. Las personas participan en estos espacios involucrándose en sus actividades o formando parte de la toma de decisiones a través de las elecciones, referéndums y otros medios.

En estos espacios se puede ejercer el derecho de las personas de representar y ser representadas, reconocido en el art. 23 de la Constitución Española.

Los **espacios informales** de participación se refieren a aquellos en los que se practica el activismo político y social. Estos espacios son organizaciones definidas por su carácter no lucrativo y por ser herramientas de conexión entre las personas, los organismos oficiales y las empresas y pueden ser:

- Organizaciones y asociaciones cuyo objetivo es una reivindicación.
- Asociaciones de voluntariado con personalidad jurídica cuya misión es cubrir un problema social a través de la prestación de servicios y que se pueden transformar en fundaciones o cooperativas.
- Entidades promovidas por las administraciones públicas como alternativas a la creación de servicios públicos que sirvan para cubrir problemáticas sociales.

■ Organizaciones religiosas, financieras o de otro tipo que realizan una función social, así como fundaciones creadas para responder a necesidades sociales concretas.

 Actividades

6. Busque un espacio informal en su localidad en el que pudiera colaborar realizando activismo social relacionado con reivindicaciones de igualdad de género.

Las reivindicaciones y necesidades de las mujeres han sido invisibilizadas e ignoradas por las sociedades, por lo que la presencia de mujeres es mucho mayor en los espacios informales que en los espacios formales.

 Sabía que...

Los movimientos feministas tienen su origen en los espacios informales de participación política.

Aunque las mujeres participan y hacen política están infrarrepresentadas en las esferas de toma de decisiones y en los canales institucionales.

La democracia paritaria es aquel sistema de gobierno que representa a hombres y mujeres por igual, partiendo de la idea de que si las mujeres son la mitad de la ciudadanía deben ser así mismo la mitad de sus representantes. Para alcanzar esta igualdad se toma una serie de medidas positivas, entre las que se encuentran los sistemas de cuotas.

5. La representación paritaria y el sistema de cuotas

A lo largo de la historia el acceso a los puestos de poder y toma de decisiones ha estado limitado o prohibido para las mujeres.

En las sociedades actuales sigue habiendo menos mujeres que hombres en las esferas del poder. Según asciende el nivel de responsabilidad desciende la presencia femenina. Este fenómeno es llamado el "techo de cristal" y se refiere al conjunto de estructuras y normas no escritas que impiden el acceso de las mujeres a las posiciones de toma de decisiones.

La **representación paritaria** significa que mujeres y hombres están representados de una forma equilibrada, prestando especial atención a la presencia femenina.

El **sistema de cuotas** de participación de hombres y mujeres es una forma de acción positiva. Su objetivo es garantizar una representación paritaria de hombres y mujeres para fomentar un acceso equilibrado y ecuánime a los recursos y a la toma de decisiones. Los sistemas de cuotas son también conocidos como cuotas de género o cuotas de participación por sexo.

Las cuotas por sexo indican la obligación de la presencia de mujeres y hombres en un porcentaje determinado y estas medidas las puede tomar cualquier institución, empresa y organización.

En España las cuotas de participación por sexos en el poder público y político están reguladas en la Ley Orgánica 3/2007, de 22 de marzo, para la igualdad efectiva de mujeres y hombres junto con la Ley Orgánica 2/2024, de 1 de agosto, de representación paritaria y presencia equilibrada de mujeres y hombres.

En las normas se indica que se considerará que existe una presencia equilibrada de hombres y mujeres en las listas electorales cuando, del conjunto, las personas de cada sexo no superen el 60 % ni sean menos del 40 %.

Esto significa que debe haber como máximo un 60 % de personas de un sexo y como mínimo un 40 % del otro, de forma que no es imprescindible que la representación sea 50 % de cada sexo.

Recuerde

Las cuotas por sexo indican la obligación de la presencia de mujeres y hombres en un porcentaje determinado.

Frecuentemente se plantea la idea de que al existir igualdad jurídica no es necesario tomar estas medidas, considerando que al haber igualdad de oportunidades las mujeres tienen las mismas posibilidades de acceso.

Pero la igualdad jurídica no implica la igualdad efectiva. Representando las mujeres la mitad de la humanidad no se puede permitir que los tramos bajos de poder estén feminizados, mientras las altas esferas están masculinizadas.

Actividades

7. ¿Por qué son necesarios los sistemas de cuotas?

6. Mecanismos de detección y análisis de necesidades prácticas e intereses estratégicos de las mujeres y los hombres dentro del grupo

Hombres y mujeres tienen asignados papeles diferentes dentro de la sociedad; realizan roles diferentes, de modo que acceden de forma desigual a los beneficios y a los recursos. Por este motivo tienen distintas necesidades, teniendo en cuenta el rol que ocupan y en qué modo acceden a dichos recursos: son las necesidades de género.

Para realizar un diagnóstico de un grupo de personas con la finalidad de efectuar una intervención con perspectiva de género es imprescindible valorar sus necesidades, el acceso y control que tienen sobre los recursos y los roles y tareas que realizan.

La detección de las necesidades de género es imprescindible para hacer visibles las necesidades e intereses específicos de las mujeres, que vienen siendo identificados erróneamente con los de los hombres o con los de su comunidad. Ayuda a diseñar intervenciones en función de la situación específica de mujeres y hombres que contribuyan al empoderamiento. Así mismo permite planificar el impacto de forma diferenciada. Para detectar las necesidades de género es indispensable distinguir entre necesidades prácticas y necesidades estratégicas:

- **Necesidades prácticas:** son las necesidades básicas de las personas. Se refieren a la calidad de vida y están relacionadas con las responsabilidades cotidianas asignadas socialmente a los roles de género; son las circunstancias materiales e inmediatas. La satisfacción de las necesidades prácticas influye en el bienestar de las personas, pero no tiene efecto sobre las desigualdades de género. Las necesidades prácticas, por ejemplo, son el alimento o el acceso a los servicios de salud.
- **Necesidades estratégicas:** son aquellas referidas a la igualdad de género. Están relacionadas con una distribución más justa de los recursos e implican una reivindicación de igualdad.

 Ejemplo

Las necesidades estratégicas son el acceso a los derechos, al empleo, a la educación.

En intervención, las necesidades de género se han de identificar con las propias mujeres. Se deben incluir metodologías participativas en las que estén presentes las mujeres destinatarias, como son los grupos de discusión. Aunque en la práctica no se utilizan mucho, es recomendable identificar también las necesidades de género masculino para tener una perspectiva más completa de las situaciones.

6.1. Acceso y control de los recursos

Los roles que hombres y mujeres ocupan en la sociedad influyen en el nivel de acceso y control de los recursos necesarios para cumplir dichos roles. Así mismo, tener el acceso a un recurso no significa que se pueda ejercer el control sobre él. Acceder a un beneficio o recurso significa poder hacer uso de él, pero tener el control significa poder decidir cómo se hace ese uso.

 Ejemplo

Una mujer puede residir en una vivienda (tiene acceso al recurso), pero si la casa es de su esposo no puede decidir qué uso se hace de ella (no tiene el control del recurso).

Mujeres y hombres hacen un uso diferenciado de los recursos, por lo que el acceso y control también es diferente. Existe un desequilibrio de poder en el reparto en el que las mujeres son las más perjudicadas.

Para detectar estas desigualdades se debe valorar el acceso y control de los siguientes recursos:

- **Recursos naturales.** Hace referencia al medio natural, que tiene gran relevancia en la salud, la economía y la sostenibilidad. Son los recursos de la naturaleza. A pesar de que afecta a todas las personas por igual, las políticas medioambientales son tomadas por asuntos de hombres, por pertenecer al ámbito público y político.

- **Recursos y beneficios económicos.** Son los recursos productivos: la tierra, el capital, el dinero, el trabajo y los beneficios relacionados con el alimento, la vivienda, los ingresos, las propiedades.

  Las mujeres tienen mayores dificultades que los hombres para acceder a estos recursos. Tienen más obstáculos en el acceso al empleo y son peor remuneradas; disponen de menos propiedades y menor acceso al crédito. Utilizan menos las nuevas tecnologías y acceden en peores condiciones a la información y a la comunicación. Existe una feminización de la pobreza debido en parte a este déficit en el acceso a los beneficios y recursos económicos.

- **Recursos y beneficios sociales.** Son los servicios públicos y las redes de apoyo como la familia. Afectan en mayor medida a las áreas de responsabilidad de las mujeres.

- **Recursos y beneficios políticos.** Son las oportunidades de comunicación y liderazgo social, el poder político, el estatus social. Las mujeres están infrarrepresentadas políticamente por lo que sus necesidades e intereses no son visibilizados ni son atendidos como los de los hombres.

- **Tiempo.** Es la disponibilidad de horas del día para uso discrecional y la flexibilidad de los horarios laborales. Hombres y mujeres disponen del tiempo de forma diferente al tener separados los espacios y las actividades. Así mismo las mujeres pasan gran parte de su vida realizando tareas reproductivas.

- **Movilidad.** Es la posibilidad de movimiento físico, del desplazamiento, influenciado por normas y costumbres.

- **Información y educación.** Son todas las formas de instrucción, tanto la educación formal como informal y la oportunidad de intercambiar opiniones e información.

- **Recursos culturales.** Son aquellos relacionados con la historia y la identidad comunitarias, la lengua, las tradiciones y la expresión artística. La mujer ha estado ocultada en estos aspectos y sigue sin acceder en igualdad de condiciones.

- **Recursos y beneficios internos.** Se refieren a la capacidad de expresión, la autoestima y la confianza. Las sociedades patriarcales ejercen unas violencias estructurales hacia las mujeres con el fin de mantenerlas en los roles preestablecidos y que fomentan la violencia de género en pareja, minando la autoestima de las mujeres y deformando su autoconcepto.

 Sabía que...

En 2023 la tasa de pobreza de las mujeres llegó al 20,5 % frente al 19,2 % de los hombres.

 Actividades

8. ¿Qué diferencia hay entre las necesidades prácticas y las necesidades estratégicas?

6.2. Análisis de roles y tareas

La división sexual del trabajo ha asignado a mujeres y hombres roles diferentes en la sociedad, situándolos a la vez en espacios separados. El rol tradicional del hombre lo ha posicionado en el espacio público y el de la mujer la ha situado en el espacio doméstico.

Esta división de tareas y roles produce desigualdades de género en todas las sociedades y, aunque actualmente en nuestra sociedad la división sexual del trabajo no tenga unas estructuras muy rígidas, sigue repercutiendo de forma muy importante en las personas.

En esta división de tareas se valora y remunera de forma diferente el trabajo masculinizado y el feminizado en detrimento de las mujeres. El trabajo doméstico, el cuidado y la crianza no se consideran económicamente relevantes y se invisibilizan.

El análisis de roles de género determina las diferencias que provocan las desigualdades. Cualquier intervención estará influenciada por ellos, por lo que para detectar y analizar los roles de género de las personas de un grupo se deben tener en cuenta los siguientes factores:

- Organización del trabajo de las personas del grupo. Se considera qué trabajo, remunerado y no remunerado, hacen hombres y mujeres.
- Relación del trabajo que realizan mujeres y hombres con los objetivos de la intervención.
- Efecto de la intervención en la división sexual del trabajo; si refuerza o desestructura los roles de género.
- El tipo de trabajo que realizan hombres y mujeres. Trabajo productivo o reproductivo e influencia de la intervención en sus tareas y de sus tareas en la intervención.

 Actividades

9. ¿Por qué es necesario el análisis de roles de género en intervención?

7. Identificación de la diversidad de las mujeres en el entorno de intervención

Desde la perspectiva de género, el primer término que se debe tener en cuenta en una intervención es el sexo, puesto que mujeres y hombres acceden de diferente forma a los beneficios y recursos.

Una intervención enfocada a mujeres deberá tener en cuenta, a su vez, una serie de términos que sirvan para identificar la diversidad de las mujeres dentro del grupo. Estos términos son los siguientes:

- **La edad:** las necesidades e intereses son diferentes dependiendo del momento vital de las personas. Hay algunos límites de edad que están justificados por el objetivo de las intervenciones, pero otros límites pueden estar impuestos por prejuicios e ideas discriminatorias sobre las personas mayores.

- **La condición biopsicosocial:** las personas con discapacidad pueden encontrar muchos obstáculos en la sociedad para desarrollarse integralmente. Además de las barreras arquitectónicas, se encuentran con dificultades para acceder a los beneficios y recursos, como puede ser el acceso al mercado laboral o la vivienda, por lo que las mujeres con discapacidad pueden vivir situaciones de discriminación múltiple. Es imprescindible tener en cuenta la condición biopsicosocial de las mujeres para detectar y atender sus necesidades y discriminaciones específicas. Así mismo en el proceso de la intervención pueden surgir necesidades específicas que hay que tener en cuenta, como por ejemplo el uso de traducción en lenguaje de signos o poder ofrecer espacios adaptados.
- **La nacionalidad, el origen, la etnia:** son elementos clave en la identidad de las personas y se han de tener en cuenta para respetar la interculturalidad y que no se den discriminaciones por cuestión de extranjería.
- **La posición política y religiosa:** son características subjetivas que conforman la visión del mundo que tienen las personas, el conjunto de creencias que determinan la forma de interpretar la realidad. Son elementos fundamentales a identificar en un grupo para comprender qué significado le van a dar las personas a la intervención. Estos datos son considerados información sensible, por lo que no se deben incluir en formularios. Se llegará al conocimiento de estas características a través de la realización de las actividades con el grupo.

 Aplicación práctica

Suponga que colabora en la organización de unos talleres de educación sexual para mujeres inmigrantes. Su cometido es elaborar un formulario de inscripción con la intención de identificar la diversidad de las mujeres participantes. ¿Qué cuestiones introduciría en el formulario?

Continúa en página siguiente >>

<< Viene de página anterior

SOLUCIÓN

FORMULARIO DE INSCRIPCIÓN

"Talleres de salud sexual para mujeres inmigrantes"

Nombre y apellidos: _____ Sexo: Mujer /Hombre

Año de nacimiento: _____ Lugar de nacimiento: _____

Lugar de residencia: _____ Nacionalidad: _____

¿Tiene reconocida alguna discapacidad? No ☐ / Sí ☐

Indique cuál y en qué grado: _____

_____

El formulario deberá aportar información sobre la edad, la condición biopsicosocial, el origen y la nacionalidad.

---

8. Mecanismos de intervención en el diseño, implementación, evaluación y seguimiento de las actuaciones, en colaboración y coordinación con el equipo experto en igualdad efectiva de mujeres y hombres

La perspectiva de género ha de estar presente en todas las fases de la intervención; a continuación se expone una serie de medidas a tener en cuenta para garantizar que hombres y mujeres puedan acceder en igualdad de condiciones a la intervención, especialmente las mujeres, cuya presencia en el espacio público es menor que la de los varones.

8.1. Diseño

Para conocer la diversidad de las personas que van a recibir la intervención se deben analizar los roles de género y las tareas que realizan mujeres y hombres, así como el acceso y el control que tienen de los recursos y beneficios. Otras medidas necesarias son:

- Identificar las necesidades, problemas e intereses específicos de hombres y mujeres implicados en la intervención.
- Utilizar estrategias destinadas a superar las barreras de participación que pudieran darse por cuestión de sexo.
- Incluir medidas de acción positivas para que las mujeres puedan beneficiarse de las actuaciones de la misma forma que los hombres.
- Evitar el lenguaje y las imágenes sexistas.
- Tener en cuenta el nivel de apropiación de la acción por parte de las personas implicadas, teniendo en cuenta el sexo.

8.2. Implementación

Es imprescindible incluir metodologías participativas en las que se fomente la presencia de las mujeres para identificar los posibles obstáculos que se les pueda presentar en el acceso a las actuaciones. Escuchar las voces de las propias personas receptoras de la intervención es una forma de obtener información de primera mano que sea representativa del grupo, así servirá para optimizar la intervención y que pueda llegar a todas las personas sin impedimentos.

También se deben organizar las actividades de forma que mujeres y hombres tengan la oportunidad de participar en igualdad. Hay que tener en cuenta el calendario, la ubicación y la duración de las actividades, considerando el tiempo que las personas trabajan y el que pueden ausentarse de sus hogares, así como el uso del tiempo que hacen las mujeres y las dobles jornadas.

8.3. Evaluación

Para valorar si el alcance de la intervención ha llegado por igual a todas las personas participantes se debe analizar en qué medida se han cumplido los objetivos, si la intervención ha sido eficaz teniendo en cuenta las diferencias y desigualdades entre hombres y mujeres.

Se han de comprobar los supuestos del diseño de las intervenciones: qué roles y responsabilidades de género han tenido mujeres y hombres y si eran los que se presuponían. Para ello, se realiza un análisis de impacto de género.

8.4. Seguimiento

Se debe valorar cuantitativamente y cualitativamente los progresos alcanzados diferenciados por sexo y grupos sociales, realizando un análisis de impacto de género en el acceso y control de los recursos y un análisis del nivel de participación.

9. Resumen

Hombres y mujeres no acceden de la misma forma a los espacios ni a los recursos, por lo que desde los gobiernos y las organizaciones se toman medidas positivas para fomentar la participación femenina. Se han explicado qué son los sistemas de cuotas y por qué es necesaria una representación paritaria en los escenarios de toma de decisiones.

Para identificar la participación de la mujer en los ámbitos del espacio público, así como la del hombre en el espacio doméstico, se han expuesto los diversos espacios de participación y cómo valorar si la presencia de mujeres y hombres es paritaria, proporcionando herramientas de medida cuantitativas.

Teniendo en cuenta que las mujeres acceden en desigualdad de condiciones a los recursos, es necesario identificar las necesidades prácticas y los intereses estratégicos que tienen hombres y mujeres dentro de un grupo, así como los roles y tareas que realizan, identificando la diversidad de las mujeres en los espacios de intervención e incluyendo mecanismos que aseguren igualdad en el acceso.

Ejercicios de repaso y autoevaluación

1. De las siguientes opciones, indique cuál es la correcta:

   a. La participación del hombre en las tareas domésticas no permite a los varones desarrollar una paternidad responsable.
   b. La participación del hombre en las tareas no ayuda en la reducción de la doble jornada de la mujer.
   c. La participación del hombre en las tareas domésticas no solo supone beneficio para hombres y mujeres, sino que es además una práctica de justicia social.
   d. La participación del hombre en las tareas domésticas se da en igualdad de condiciones y no es necesario fomentar esta participación.

2. Explique la diferencia entre conciliación y corresponsabilidad.

_____
_____
_____
_____
_____
_____
_____

3. Explique en qué consiste el sistema de cuotas.

_____
_____
_____
_____
_____
_____
_____

4. **¿Qué proporción de mujeres y hombres indica una representación paritaria?**

    a. 40 % mujeres y 60 % hombres.
    b. 60 % mujeres y 40 % hombres.
    c. No menos del 40 % ni más del 60 % en cualquiera de los sexos.
    d. Todas las opciones son correctas.

5. **Explique en qué consiste el efecto de "puerta giratoria" que se esperaba por las feministas en cuanto a los trabajos domésticos y de cuidados.**

_____
_____
_____
_____
_____
_____
_____

6. **De las siguientes frases, indique cuál es verdadera o falsa:**

    a. Hombres y mujeres acceden en igualdad de condiciones a los beneficios y recursos.

        ☐ Verdadero
        ☐ Falso

    b. Las necesidades estratégicas son aquellas referidas a la igualdad de género.

        ☐ Verdadero
        ☐ Falso

    c. Cualquier intervención está influenciada por los roles de género de las personas del grupo.

        ☐ Verdadero
        ☐ Falso

7. Indique la diferencia entre acceder a un recurso o beneficio y tener el control sobre él.

_____
_____
_____
_____

8. Indique los beneficios económicos de la participación de la mujer en el espacio laboral.

_____
_____
_____
_____
_____
_____
_____

9. Explique el origen de las asociaciones de mujeres.

_____
_____
_____
_____
_____
_____
_____

10. Complete la siguiente oración.

La presencia de las mujeres en el espacio económico siempre ha sido _____, pero ha estado _____: la mujer ha realizado gran cantidad de trabajos no remunerados que han servido para el desarrollo de la sociedad que no son _____.

Capítulo 4

Participación de las mujeres a lo largo de la historia: procesos de empoderamiento

Contenido

1. Introducción

Las estructuras patriarcales provienen de tiempos ancestrales; sin embargo, el feminismo hubo que inventarlo y lo hicieron las mujeres.

El movimiento social y político feminista ha conseguido que se reconozca a la mujer como titular de derechos. Sin embargo, las estructuras patriarcales siguen fuertemente incrustadas en las sociedades. Los movimientos feministas actuales investigan qué motivos impiden a las mujeres ejercer todos sus derechos en el espacio público y en el acceso a los recursos económicos.

La igualdad formal no ha supuesto una igualdad de derechos efectiva. Existen en nuestra sociedad barreras invisibles que no permiten a las mujeres desarrollarse integralmente, techos de cristal que no les dejan avanzar en sus carreras profesionales y alcanzar las esferas del poder.

Para superar este techo de cristal se hace necesario tomar medidas específicas que favorezcan la participación de las mujeres: las acciones positivas, el *mainstreaming,* la estrategia dual y los presupuestos con perspectiva de género.

2. Breve aproximación a la historia de las mujeres y a la evolución de los feminismos

Existen muchos conceptos en torno al término feminismo; una acepción general es que el feminismo es un movimiento filosófico, social y político que supone la conciencia de las mujeres como grupo social, discriminado, dominado y sometido al grupo de los varones bajo la estructura del patriarcado, lo cual mueve a las mujeres a la acción para la liberación de su sexo.

2.1. Historia del feminismo

Según los momentos de la historia, los feminismos han tenido diferentes reivindicaciones. Como movimiento social, no ha sucedido con la misma magnitud ni de la misma forma en todos los países, sino que se considera una serie de momentos importantes representativos que han determinado la evolución del movimiento. Se identifican cuatro fases históricas en la evolución del movimiento feminista, llamadas "olas". A continuación, se presenta un breve recorrido por la historia del feminismo.

Feminismo Ilustrado. 1ª Ola del Feminismo

El feminismo como filosofía política tiene su origen en el siglo XVIII en Europa, en la época de la Ilustración, momento de grandes cambios históricos y sociales.

Se considera que la obra que fundamenta el feminismo es *La Vindicación* (1782), de Mary Wollstonecraft (1759-1797), donde la autora expone cómo las mujeres son excluidas socialmente como ciudadanas. Es un discurso que no se apoya en las diferencias biológicas entre sexos, sino que denuncia la situación de desigualdad de las mujeres en el acceso a los bienes y derechos.

Sin embargo, en su momento, la obra solo traspasó sus ideas a círculos intelectuales reducidos. Se reconocería su valor mucho más tarde.

Mary Wollstonecraft: "No les deseo a las mujeres que tengan poder sobre los hombres, sino sobre sí mismas".

La Revolución Francesa y La Declaración de los Derechos Humanos (1789) forman parte de una época en la que se desarrolla un paradigma crítico que considera que todos los hombres son iguales y que no se puede permitir la tiranía de clases. Libertad, igualdad y fraternidad eran los derechos de los ciudadanos, pero no eran los derechos de las ciudadanas, ni en la práctica ni en la teoría.

Olimpia de Gauges (1748-1793) escritora, panfletista y política francesa, desarrolló, en 1791, *Los derechos de las mujeres y las ciudadanas.* Esta obra pone de manifiesto que en el nuevo modelo que se estaba desarrollando, después de la Revolución Francesa, se estaba construyendo un sistema democrático excluyente hacia las mujeres.

Olimpia de Gauges: "La mujer nace libre y permanece igual al hombre en derechos. Las distinciones sociales solo pueden estar fundadas en la utilidad común".

Tomando como modelo la Declaración de los Derechos Humanos, reclamó un trato igualitario para las mujeres como ciudadanas, reivindicando el derecho al voto, el derecho a la propiedad privada, el derecho de acceso a la educación y, en definitiva, todos los derechos que se estaban alcanzando para los varones.

Feminismo Liberal Sufragista. 2ª Ola del Feminismo

El acontecimiento que marca el principio de esta segunda fase del feminismo es La Convención de Seneca Falls (1848, Nueva York). Personas de diferentes movimientos políticos de línea liberal y abolicionista se reunieron y firmaron la "Declaración de Séneca Falls", también llamada "Declaración de sentimientos". Era un documento en el que se manifestaba la discriminación política que sufrían las mujeres: no podían votar, ni afiliarse a partidos políticos, no podían ocupar cargos públicos y, por tanto, tampoco podían ocupar cargos políticos.

Muchas de las personas que participaban en los movimientos abolicionistas contra la esclavitud llegaron a la conclusión de que existía un paralelismo entre exigir el derecho a la libertad de las personas esclavas y exigir los derechos de las mujeres, por lo que muchas personas abolicionistas formaron parte del sufragismo que exigía el voto femenino.

El sufragismo estuvo presente en todas las sociedades industriales y tenía como objetivos conseguir el derecho de voto para la mujer y el derecho al acceso a la educación.

 Sabía que...

El sufragismo planteó la lucha ciudadana pacifista: se hacían huelgas de hambre, se tiraban panfletos, se encadenaban y se manifestaban de una forma no violenta.

Los primeros logros fueron el derecho al voto para hombres de determinadas rentas, pero las mujeres en la misma situación económica no podían votar. Posteriormente pudieron votar las personas asalariadas, pero no las mujeres. Finalmente podían votar todos los varones al margen de su condición; pero el acceso de las mujeres a la educación cambió esta situación.

Los movimientos feministas estaban ligados al sufragismo.

Los primeros derechos educativos de las mujeres les permitían acceder al tramo de educación primaria, pero siempre con el objetivo de que fueran esposas y madres, por lo que se vio necesario enseñarles a leer, escribir y cálculo. Posteriormente las mujeres reivindicaron acceder a otros tramos educativos. El argumento siempre estaba basado en el matrimonio y la maternidad; si una mujer no podía casarse era preferible que tuviera un oficio y subsistiera a que cayera en la indigencia o fuera una carga para su familia. Primero fueron institutrices y enfermeras, tareas que no dejaban de ser el cuidado de los demás. Según las niñas estudiaban, eran necesarias más maestras para que los maestros enseñaran a los varones. Fueron las primeras profesiones que les otorgaron independencia a las mujeres de clase media. A partir de 1880 se comienza a permitir el acceso a las mujeres a algunas universidades europeas.

Actividades

1. Localice quién fue la primera mujer universitaria en España y en qué año.

En el siglo XX, durante la I y la II Guerra Mundial, se produjo una masiva incorporación de la mujer al empleo en Europa. Los hombres fueron alistados y llevados al frente, por lo que las mujeres eran necesarias en la industria. La economía no falló y la productividad no descendió, por lo que se demostró probadamente que las mujeres podían sacar adelante a un país y que podían trabajar igual que los hombres. En estas condiciones era imposible negarles más tiempo el voto y, después de 80 años de sufragismo, las mujeres pudieron votar.

Con el fin de la II Guerra Mundial se produjo la vuelta de los varones a sus espacios habituales de trabajo, por lo que la mujer tuvo que volver al espacio doméstico. Las mujeres ahora conocían sus posibilidades y habían adquirido nuevas habilidades y destrezas que ya no podrían usar. Para que las mujeres estuvieran satisfechas con el retorno a las tareas domésticas se organizó todo un entramado social, sobre todo a través de los medios de comunicación, que mandaban mensajes a las mujeres sobre cómo podían gestionar el hogar con sus nuevas habilidades y con la tecnificación a su favor (lavadoras, planchas, lavavajillas). Esta estrategia social es conocida como "la mística de la feminidad" (Betty Friedan, 1963) y fue reproducida ampliamente en revistas femeninas que mostraban modelos de amas de casa eficientes, bellas, con tiempo para todo gracias al alivio de las nuevas tecnologías (los electrodomésticos).

Feminismo Sesentaiochista. 3° Ola del Feminismo

La obra *El Segundo Sexo* (1949) de Simone de Beauvoir es una de las más influyentes del siglo XX. Es una obra que no trata ya de reivindicaciones sino de explicaciones. La autora combina argumentos basados en la psicología, la historia, la biología y la antropología, en una búsqueda de explicaciones sobre las desigualdades, el dominio masculino y la construcción de la

identidad de la mujer. Esta obra caló profundamente en las primeras feministas de los años setenta, que pensaban que, a pesar de los esfuerzos de sus
abuelas y el derecho al voto, no habían cambiado demasiado las estructuras
masculinas hegemónicas del poder. Ellas eligieron el término "patriarcado"
para definir al orden social, moral y político que mantenía y perpetuaba el
domino masculino.

Simone de Beauvoir: "No se nace mujer: se llega a serlo".

La 3ª ola del feminismo tuvo su origen en movimientos políticos de la iz-
quierda sesentaiochista (movimientos surgidos en mayo del 68). Las obras
principales de esta época son *La política sexual* (1970, Kate Millet) y *La Dia-
léctica del Sexo* (1970, Sulamith Firestone). Estos feminismos tuvieron que
replantearse el tema de "el poder", pues el derecho al voto y los derechos que
se estaban consiguiendo paulatinamente no se veían suficientes para cambiar
las estructuras patriarcales.

Recuerde

La obra *El Segundo Sexo* (1949), de Simone de Beauvoir, es una de las más influyentes del siglo XX.

En los años ochenta el feminismo comenzó a tomar relevancia en política formal. En algunos países occidentales comenzaron a crearse organismos específicos enfocados a los derechos de las mujeres y la investigación cuantitativa fue la gran herramienta para detectar el peso y la participación de las mujeres en la sociedad.

Se comenzó una tarea consistente en contar cuántas mujeres había en los diversos espacios sociales: en la política, en el empleo, en la formación. Y, ante la escasa presencia femenina, averiguar los motivos. Se determinó que había un techo de cristal que no permitía a las mujeres ascender en los ámbitos jerarquizados, ya que según se ascendía de nivel de responsabilidad, disminuía el número de mujeres. A partir de aquí se consideraron necesarias la adopción de medidas: la discriminación positiva y los sistemas de cuotas.

Ciberfeminismo: 4ª Ola del Feminismo

El feminismo se ha convertido en un fenómeno global, en parte gracias a las nuevas tecnologías, especialmente al uso de internet. Proliferan las páginas webs de contenidos feministas y la producción de información por parte de las mujeres.

En la red, las mujeres han encontrado el medio ideal para compartir intereses, contactar con otras profesionales, intercambiar información y realizar activismo social.

Muchos movimientos feministas apoyan otras reivindicaciones sociales, como el ecofeminismo, y cada vez hay más feministas en puestos de alta responsabilidad.

La reivindicación del cuerpo como medio de expresión y de rebeldía toma gran fuerza. Las reivindicaciones feministas son expresadas en internet a través de fotos, vídeos, música, documentales, películas, redes sociales, blogs.

2.2. Principales confusiones en torno al término feminismo

Teniendo en cuenta la historia del feminismo se puede ver que es un movimiento social, que lo comenzaron las mujeres exigiendo sus derechos y que sus reivindicaciones estaban relacionadas con los derechos humanos.

Por otra parte, el feminismo como ideología es un eje transversal que puede asociarse a cualquier dimensión: existe el feminismo marxista y el feminismo socialista; feminismo islámico y feminismo católico; ecofeminismo, anarcofeminismo, feminismo gitano, ciberfeminismo y otros muchos tipos. Son la forma que las mujeres tienen para reivindicar sus derechos en distintos ámbitos y espacios.

 Actividades

2. Desarrolle su propio concepto de feminismo.
3. Investigue y localice un movimiento feminista que esté presente en su comunidad.

Feminismo no es el equivalente femenino a machismo

Feminismo es un movimiento social y filosófico sobre las reivindicaciones de las mujeres como titulares de derechos. Pero el machismo es una postura patriarcal que promueve la superioridad del varón y fomenta el odio hacia las mujeres y la violencia de género. El machismo existe desde épocas ancestrales y está incrustado en las estructuras sociales. Sin embargo, el feminismo hubo que inventarlo y lo inventaron las mujeres.

Feminismo no es lo mismo que hembrismo

Este concepto sería el equivalente a machismo pero para las mujeres, un modelo de pensamiento que promoviera la superioridad de la mujer sobre el varón. Desde una perspectiva de género, el hembrismo no representa a ningún colectivo de mujeres ni se aprecia en la sociedad ninguna influencia de este tipo de pensamiento. Desde muchos colectivos feministas se cuestiona que este concepto sea real y no una construcción del pensamiento patriarcal.

Feminismo está relacionado con masculinismo

Ambos conceptos son complementarios. El masculinismo busca la igualdad de género junto con el feminismo; reivindica los espacios en los que el varón está discriminado socialmente y la formación de nuevas identidades masculinas igualitarias. Desde el masculinismo se lucha por el derecho del hombre a los sentimientos, a la paternidad y a la crianza, a no tener que llevar toda la carga como proveedor de la familia, el derecho de cuidar a las personas dependientes, la no opresión por la homosexualidad, la posibilidad de crear familias monoparentales adoptando hijos o hijas. Es un movimiento relativamente nuevo y cada vez hay más asociaciones de hombres involucrados en una construcción social de lo masculino alejada de la violencia y de los discursos misóginos.

 Recuerde

Feminismo no es el equivalente femenino a machismo.

3. Identificación del "techo de cristal" como manifestación de desigualdad en el espacio público

A partir de la **Ley Orgánica 3/2007, de 22 de marzo,** para la igualdad efectiva de mujeres y hombres, se establece la obligación de una relación equilibrada de hombres y mujeres en toda la Administración Pública y en las listas electorales, no pudiendo un sexo estar representado por debajo del 40 % ni por encima del 60 %. Las grandes empresas no tienen esta cuota obligatoria, pero se les recomienda que abran sus consejos de administración a las mujeres.

A pesar de las medidas que se toman en cuanto a la representación paritaria, todavía hay una representación menor de mujeres que de hombres en las esferas de mayor responsabilidad y toma de decisiones en el espacio público, en las empresas y organizaciones.

El **techo de cristal** es un límite en la carrera laboral de las mujeres que no les permite seguir avanzando. Es un muro transparente, pero muy sólido, construido con actitudes y prejuicios, que impide que las mujeres asciendan a puestos de responsabilidad y prestigio social. No son reglas escritas, sino un conjunto de factores diversos, como estructuras sociales y estereotipos, que existen en las organizaciones que han sido tradicionalmente dominadas por hombres. En definitiva, el techo de cristal es la desigualdad en la promoción profesional, y se da en todos los ámbitos de poder: económico, administrativo, militar y político.

Las mujeres se encuentran con una serie de obstáculos que les impiden avanzar en su carrera profesional, principalmente las obligaciones familiares. Las mujeres disponen de menos tiempo que los varones para trabajar debido a las horas que emplean en las tareas reproductivas. Una de las características de los altos cargos es que están diseñados para una dedicación total; se pide que las personas en estos puestos estén disponibles todo el tiempo. Además, una proporción muy alta de mujeres trabaja a jornada parcial, mucho más que los hombres, y el perfil de una persona empleada a jornada parcial no es el que se busca para un alto cargo.

Las mujeres, al dedicar menos tiempo que los varones al empleo, tienen menores oportunidades de crear redes de contacto formales en su campo de trabajo y estos contactos son muy importantes para promocionarse.

Las mujeres interrumpen su carrera por motivos relacionados con las actividades reproductivas en mayor medida que los varones, sobre todo en la etapa en la que pueden ser madres. El efecto que tienen estas interrupciones es la pérdida de antigüedad y desvalorización de la carrera profesional. A una persona que va a necesitar interrumpir su carrera no se le asignan responsabilidades como a otra persona con disponibilidad total. La diferencia de hombres y mujeres en altos cargos directivos también se traduce en desigualdad salarial, incluso dentro de las mismas categorías y esto se debe a la pérdida de antigüedad.

 Actividades

4. Localice en internet el concepto "techo de diamante" y defínalo. ¿Qué relación tiene con el "techo de cristal"?

3.1. Reconocimiento del techo de cristal

El techo de cristal se representa con una pirámide que simboliza la organización que se pretende analizar. La pirámide se divide en categorías, situando en la base las categorías de menor responsabilidad y en la punta las de mayor responsabilidad. Se indica cuántos hombres y cuántas mujeres hay en cada categoría o el porcentaje. El techo de cristal se sitúa en el punto en el que desciende el número de mujeres de forma muy importante o el punto a partir del cual, directamente, no hay mujeres.

Representación del techo de cristal

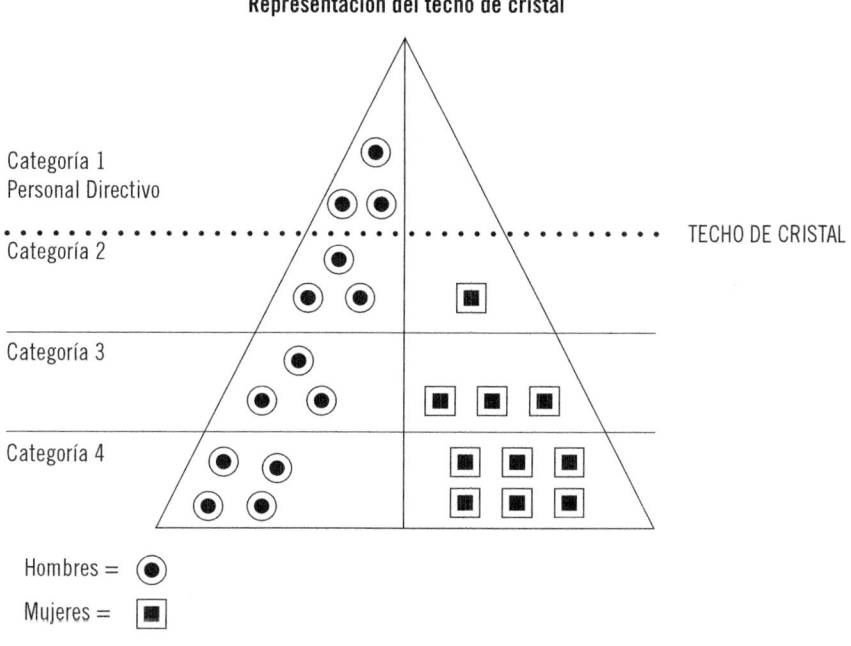

 Aplicación práctica

Identifique el techo de cristal en el Cuerpo de La Guardia Civil teniendo en cuenta los siguientes datos recogidos en un período concreto. Represéntelo gráficamente.

Número de mujeres y hombres en el Cuerpo de la Guardia Civil, según las categorías jerárquicas militares y el empleo.

Categoría jerárquica	Mujeres	Hombres
Oficiales Generales	0	76
Oficiales	110	3.680
Suboficiales	173	8.224
Cabos y Guardias	4.856	71.748

Continúa en página siguiente >>

<< Viene de página anterior

SOLUCIÓN

Representación gráfica del techo de cristal en el Cuerpo de la Guardia Civil

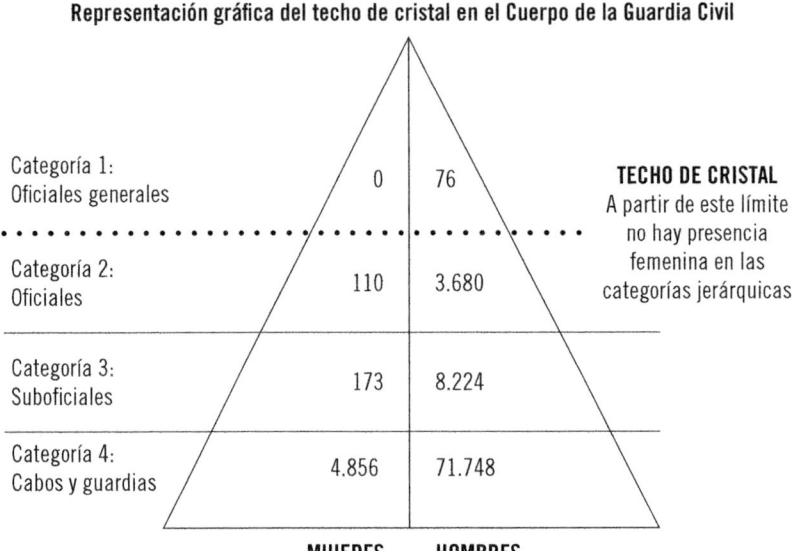

Categoría 1: Oficiales generales	0	76
Categoría 2: Oficiales	110	3.680
Categoría 3: Suboficiales	173	8.224
Categoría 4: Cabos y guardias	4.856	71.748

TECHO DE CRISTAL
A partir de este límite no hay presencia femenina en las categorías jerárquicas

MUJERES   HOMBRES

3.2. Ruptura del techo de cristal y buenas prácticas

Las herramientas fundamentales para romper el techo de cristal son las medidas de conciliación y los sistemas de cuotas, además de una revisión de la mentalidad corporativa en la que se modifiquen los métodos de evaluación de antigüedad y se valore de forma más positiva a las personas que trabajan a jornada parcial.

A través de las medidas de conciliación se facilitará la compatibilidad del trabajo doméstico y el trabajo formal, para que las mujeres no tengan que elegir entre sus carreras o su vida personal. Las medidas de conciliación se han de apoyar en los sistemas de cuotas que garanticen una participación paritaria y fomenten la presencia femenina en los altos cargos.

? **Sabía que...**

El *suelo pegajoso* se refiere a las fuerzas que retienen a las mujeres atrapadas en los estratos bajos del mercado laboral: el trabajo maternal, conyugal y doméstico, que produce grandes dificultades en el desarrollo profesional.

3.3. La segregación vertical y la segregación horizontal

La segregación ocupacional horizontal se refiere a los sectores que están feminizados o masculinizados; la segregación vertical es la baja representación de mujeres en los niveles jerárquicos superiores, en los puestos de mayor responsabilidad en la toma de decisiones y que se representa a través del techo de cristal.

Mujeres y hombres participan en todos los sectores, pero la segregación horizontal muestra cómo las mujeres están más presentes en el cuidado no remunerado, el trabajo voluntario y el trabajo informal; mientras los hombres realizan mayoritariamente el trabajo formal remunerado, tanto en el sector público como en el privado.

Las ocupaciones calificadas como femeninas están cada vez más feminizadas y el trabajo parcial es en gran mayoría realizado por mujeres.

La **segregación horizontal** muestra cómo las mujeres son mayoría en los servicios personales y pequeña minoría en el sector de la construcción y la energía. Este sector es el más reacio a la participación de mujeres, donde la mayoría están empleadas en trabajos administrativos, contables, de dibujo y restauración. En el sector bancario son elegidas para la relación directa con clientes, pero se les exige más que a los hombres para los cargos de dirección. La industria de la informática es muy dinámica y, aunque el sector tecnológico se presenta como masculino, la informática se está feminizando rápidamente. Los sectores más dinámicos son los que están permitiendo una mayor entrada de mujeres.

La **segregación vertical** muestra cómo, según se asciende a categorías laborales de mayor responsabilidad, desciende el número de mujeres. Esta discriminación vertical se puede observar no solo en las categorías laborales, sino también en todo el mercado laboral. Teniendo en cuenta la cantidad de mujeres que figuran como población activa y el nivel de formación que presentan, el porcentaje de mujeres que están en la cúspide organizacional sigue siendo muy reducido.

4. Procesos para el "empoderamiento" de las mujeres

El empoderamiento es un proceso, a través del cual las personas mejoran su capacidad para configurar y gestionar sus propias vidas y desarrollarse en un entorno. Significa una evolución en la concienciación sobre sí mismas, su posición en la sociedad y su valor en las relaciones sociales. Como resultado de este proceso las personas se empoderan, asumen el poder sobre sus vidas.

El empoderamiento femenino permite reducir las brechas socioeconómicas y culturales existentes entre sexos y dar mayor presencia y protagonismo a las mujeres en la sociedad y en los espacios de toma de decisiones.

No existe una fórmula única para desarrollar el empoderamiento de las mujeres, sino que hay caminos diversos relacionados con las necesidades e intereses. Por ejemplo, hay mujeres que se empoderan accediendo a créditos para montar negocios porque no tienen acceso a los recursos económicos. Puede que otras se empoderen a través del asociacionismo o el acceso al empleo formal que les proporcione independencia económica.

Cada persona y cada grupo tiene diversas formas de empoderarse pero aun así hay puntos comunes para el empoderamiento de las mujeres. Hay que realizar estrategias orientadas a su fortalecimiento, favoreciendo sus capacidades y autonomía. Para ello, se debe fomentar una perspectiva crítica sobre los elementos que les condicionan para mejorar su calidad de vida, superar las desigualdades de género y animarlas a realizar sus reivindicaciones. El objetivo es que las mujeres ganen poder, tanto a nivel personal como a nivel social, en tres aspectos:

- **El poder interno** (ganar poder desde dentro): es la fortaleza interior, que comienza con el cuidado de la autoestima y la autoconfianza para alcanzar un control sobre la propia vida. Implica desarrollar la capacidad de reconocer los propios méritos y la valía personal para tomar decisiones y situarse en puestos de responsabilidad. El poder interno se fortalece cuando las mujeres comprenden los complejos factores que las subordinan en la sociedad y este es el primer paso para enfrentarlos. Esta visión crítica se desarrolla recibiendo formación en género, en interacción con agentes externos que les asesoren sobre derechos y oportunidades y con la formación de grupos de mujeres que comparten información o experiencias.

- **El poder "con"** (ganar poder junto con otras): es la fuerza de pasar del "yo" al "nosotras", formando colectividades de mujeres para que tomen el protagonismo en sus reivindicaciones, creando una identidad colectiva. Las identidades colectivas insurgentes se desarrollan en espacios sociales donde las mujeres se sienten valoradas y seguras. En estos espacios crean modelos alternativos de feminidad y redes para difundir sus opiniones. Son el principio del activismo de base.

- **El poder "para"** (ganar poder para cambiar la realidad): es la capacidad para producir un efecto, para influir en el desarrollo de la realidad. Es la dimensión política del empoderamiento y significa una implicación activa de las mujeres en los ámbitos en los que se toman decisiones sobre ellas. Para que las mujeres participen en estos ámbitos primero han de reconocerse como titulares de derechos y como capaces de cambiar su entorno.

 Actividades

5. Desarrolle, con sus propias palabras, el concepto "empoderamiento".

5. Herramientas para promocionar la igualdad en colaboración con el equipo experto en igualdad de mujeres y hombres

Las medidas jurídicas que garantizan la igualdad legal entre sexos (la llamada "igualdad formal") no son suficientes para alcanzar la igualdad efectiva, por lo que se hace necesario realizar acciones concretas y tomar medidas para impulsar la presencia y las oportunidades de las mujeres en el espacio público.

La Ley Orgánica 3/2007, de 22 de marzo, para la igualdad efectiva de mujeres y hombres indica que, para hacer efectivo el derecho constitucional de la igualdad, desde los Poderes Públicos se tomarán medidas específicas, a favor de las mujeres, que durarán el tiempo que duren las situaciones de desigualdad. Así mismo las empresas, organizaciones e instituciones pueden adoptar estas medidas. Son las acciones positivas, el *mainstreaming,* la estrategia dual y los presupuestos con perspectiva de género.

Por otra parte, el Título II de la Ley 15/2022, de 12 de julio, "Defensa y promoción del derecho a la igualdad de trato y no discriminación" recoge diversas referencias a medidas de acción positiva.

5.1. Acciones positivas

Son aquellas acciones y medidas dirigidas a mujeres, con las que se pretende suprimir y prevenir una discriminación o compensar las desventajas causadas por actitudes, comportamientos y estructuras socioeconómicas.

Su objetivo es alcanzar la igualdad de oportunidades. Por ello realizan un tratamiento desigual ante una situación de desigualdad con la finalidad de alcanzar la igualdad.

Las **acciones positivas** son actuaciones destinadas a eliminar desigualdades entre sexos; son medidas temporales para suprimir y compensar las desventajas existentes. Estas medidas son aplicables mientras se mantengan dichas situaciones de desigualdad y han de ser razonables y proporcionadas en relación al objetivo que se pretende perseguir.

Se pueden aplicar a instituciones, organizaciones y empresas, pero también a actividades, como pueden ser las acciones formativas.

Hay muchos tipos de acciones positivas; a continuación se presenta una lista de acciones, pero hay muchas más:

- Sistema de cuotas que garantice la paridad en cualquier organización, como las empresas o el Gobierno.
- Subvenciones específicas para mujeres.
- Programas de fomento al empleo para mujeres.
- Negociaciones colectivas en empresas y organizaciones sobre las medidas a tomar en materia de igualdad.
- Acciones en empresas a través de los planes de igualdad.
- Microcréditos para mujeres emprendedoras.
- Campañas de sensibilización.
- Adaptación de horarios en el empleo para la conciliación familiar.
- Facilitación de la conciliación a través de guarderías y otros recursos.
- Ayudas a las empresas para que contraten a mujeres preferentemente.

La **discriminación positiva o inversa** es aquella medida dirigida a un grupo determinado, con la finalidad de erradicar o prevenir una discriminación o compensar las desventajas.

 Ejemplo

Una acción de discriminación positiva es ofrecer recursos exclusivamente a mujeres, como pueden ser subvenciones que fomenten el emprendimiento femenino.

Las **acciones protectoras** consistían en conceder ventajas a las mujeres, pero por considerarlas inferiores o débiles. Son medidas propias de sociedades patriarcales. Refuerzan el estereotipo del sexo femenino como inferior al varón y más débil. En España, el Tribunal Constitucional está en contra de este tipo de medidas por considerar que no son compatibles con la igualdad de trato.

 Ejemplo

Una medida protectora era no permitir los horarios nocturnos a las trabajadoras. Actualmente este tipo de medidas no están permitidas.

Acciones positivas en una organización

En cualquier organización se pueden tomar medidas positivas para reducir o eliminar las posibles discriminaciones que puedan vivir las mujeres.

Se presenta a continuación una lista con algunas medidas que se pueden tomar según el ámbito de actuación.

- **Medidas de corresponsabilidad.** Tradicionalmente las medidas de conciliación se han dirigido principalmente a las mujeres. La corresponsabilidad da un paso más allá, pues implica la participación de los varones en las tareas domésticas y de cuidado de personas. Algunas medidas que se pueden tomar al respecto son:

  - Adaptar la duración y distribución de la jornada de trabajo, tanto para hombres como para mujeres, en caso de nacimiento y cuidado de menor, o ascendiente a cargo.
  - Reducir la jornada por cuidado directo de menores de 12 años o personas con discapacidad, con una disminución proporcional en el salario.
  - Permiso de 5 días en el caso de intervención quirúrgica de un familiar (hasta 2° grado).

▪ Disfrute de las vacaciones anuales fuera de los periodos de permiso por embarazo, parto o lactancia, para mujeres y hombres.

▪ Permiso de 16 semanas, tanto para la mujer como para el hombre, por el nacimiento y cuidado del menor.

▪ Permiso por lactancia también para los varones, para que puedan colaborar en esa fase de su vida familiar.

▪ Excedencia por el cuidado de menores de hasta 3 años, para mujeres y varones.

■ **Difusión de los valores de igualdad.** Hacer llegar información en materia de igualdad de oportunidades al personal. Algunas medidas que se pueden tomar al respecto son:

▪ Publicación y difusión de folletos sobre igualdad de oportunidades.

▪ Publicaciones internas.

■ **Procedimientos de reclutamiento, selección y contratación de mujeres.** Es recomendable evaluar cómo afecta a las mujeres. Algunas medidas a considerar son:

▪ Realizar ofertas de empleo que no presenten un lenguaje sexista.

▪ Eliminar de los cuestionarios de reclutamiento preguntas relacionadas con el estado civil y el número de hijos.

▪ Motivar a las mujeres a que opten a puestos de trabajo considerados tradicionalmente como masculinos.

▪ Promover la participación femenina en la selección de personal.

▪ Aplicar sistemas de cuotas para garantizar un acceso paritario de ambos sexos.

▪ Negociar, de forma colectiva, los sistemas de contratación y las categorías laborales, prestando atención a la presencia de mujeres en las categorías más altas.

■ **Procedimientos de promoción.** Ya que existe un techo de cristal en muchas organizaciones que no permite avanzar a las mujeres, se recomienda aplicar medidas que favorezcan su promoción. Algunas de estas medidas pueden ser:

▪ Arbitrar procedimientos de promoción que sean transparentes y no sexistas.

▪ Aplicar medidas compensatorias para que las mujeres puedan acceder a las categorías donde están infrarrepresentadas.

▪ No permitir que la jornada parcial sea un impedimento en la promoción.

■ **Formación.** Es importante que el personal de recursos humanos esté formado en materia de igualdad para que aplique sus conocimientos en los procesos selectivos. Algunas medidas que se pueden tomar son:

▪ Formar a todo el personal poniendo especial atención a la participación de mujeres, incluyendo estas formaciones en el horario laboral y la posibilidad de que participen en ellas las personas que estén de excedencia por el cuidado de hijos, hijas y familiares.

▪ Formar a las mujeres para que accedan a puestos o categorías que estén masculinizados.

■ **Tiempo de trabajo.** Hay que valorar el uso del tiempo que hacen mujeres y hombres, teniendo en cuenta:

▪ El tiempo que se dedica al cuidado de hijos e hijas o familiares como criterio para elegir turnos y jornadas.

▪ Limitar la disponibilidad para la empresa para que las personas no tengan dificultades en la conciliación.

■ **Política salarial.** No permitir que las categorías más bajas y peor remuneradas estén feminizadas.

■ **Acoso sexual.** Formar al personal para que puedan identificar, prevenir y denunciar el acoso sexual a través de la creación y difusión de un protocolo de actuación en caso de que exista.

■ **Manifestaciones sexistas.** Evitar este tipo de manifestaciones en el espacio de trabajo, como por ejemplo no imponer a las mujeres que vistan ropas ni calzado estereotipado.

Aplicación práctica

La Asociación de lectura Antikuaria la forman 40 miembros, de los cuales solo 8 son mujeres. De entre los 483 miembros que ha tenido a lo largo de su historia, solo 11 han sido mujeres.

¿Qué recomendaciones le presentaría a la asociación para una representación más equilibrada de mujeres y hombres?

SOLUCIÓN

Desde una perspectiva de género, la mujer está infrarrepresentada en la Asociación de lectura Antikuaria. La proporción de 3 mujeres frente a 37 hombres está muy lejos de ser paritaria. Históricamente, además, la proporción de 7 mujeres frente a 1.000 hombres es radicalmente discriminatoria.

Las medidas que se le podrían proponer son:

I Un sistema de cuotas que garantice que entre el 40 % y el 60 % de sus miembros serán mujeres (debería haber entre 16 y 24 mujeres).
I Formación en materia de igualdad de oportunidades y no discriminación por motivo de sexo para todos sus miembros.
I Una comprobación de sus sistemas de reclutamiento, selección y contratación, puesto que presentan una gran resistencia a contratar mujeres.
I Una revisión de normas internas sobre el lenguaje sexista.
I Un análisis sobre sus medidas complementarias en materia de conciliación y corresponsabilidad. Al haber tan pocas mujeres es muy posible que no se contemplen medidas complementarias frente a situaciones de maternidad o cuidado de personas.

5.2. *Mainstreaming* de género o transversalidad de género

Poner en marcha un proceso de *mainstreaming* supone cambiar la forma patriarcal de ver la sociedad y las organizaciones aplicando la perspectiva de género en todos los ámbitos.

El *mainstreaming* de género o transversalidad de género significa la reorganización, mejora, desarrollo y evaluación de los procesos políticos incluyendo la perspectiva de género a todos los niveles y en todas las etapas, involucrando a todos los agentes participantes.

La transversalidad de género es, por una parte, un objetivo: alcanzar la igualdad entre mujeres y hombres. A la vez, es un instrumento que mejora la presencia de las mujeres en la toma de decisiones. Supone incluir la variable *género* en todos los aspectos como eje transversal y se puede aplicar en las políticas públicas y en cualquier tipo de organización.

En políticas públicas supone la integración de las acciones positivas en las políticas generales. De esta forma la igualdad de oportunidades pasa a ser objetivo general. Cuando las acciones específicas no son suficientes es necesario aplicar estas acciones transversales de género.

 Actividades

6. Explique con sus propias palabras el concepto *mainstreaming.*

Según regula la Ley integral para la igualdad de trato y la no discriminación, este derecho se considera un principio que se ha de integrar de forma transversal en el estudio y en la aplicación de la legislación.

La aplicación del *mainstreaming* de género en una organización se realiza en 4 fases; estas se explican a continuación.

Fase 1. Diagnóstico de género en la organización

Se averigua la situación de partida de la organización en relación a la igualdad de mujeres y hombres, teniendo en cuenta:

- La situación de mujeres y hombres en la estructura de la organización.
- En qué categorías no hay una representación paritaria de ambos sexos.

- Usos del tiempo: motivos de las excedencias y bajas y cómo afecta a las mujeres.
- Necesidades detectadas por el equipo experto en igualdad.
- Revisión de la normativa interna en relación a la igualdad de oportunidades.
- Medidas positivas que se han tomado y qué resultado han tenido.

Fase 2. Recursos

Se elabora un inventario con los recursos materiales y personales que serán necesarios. Se debe determinar qué conocimientos en materia de igualdad tienen las personas que forman la organización y si es necesario realizar acciones formativas. También se analiza si la organización dispone de materiales bibliográficos como manuales y guías en materia de igualdad. Es imprescindible que la organización pueda presentar datos cuantitativos desagregados por sexo sobre sus integrantes.

Fase 3. Planificación

Una vez que se ha analizado la organización y los recursos de los que dispone, el equipo experto en igualdad elabora un plan de trabajo que integre a todas las personas de la organización. La finalidad del plan de trabajo es incluir procedimientos específicos para incorporar la igualdad de género en la organización. Teniendo en cuenta el resultado del diagnóstico de género, se fijan objetivos y acciones para alcanzarlos.

Fase 4. Seguimiento y Evaluación

Una vez que se han llevado a cabo las actividades propuestas se valoran los avances que se han conseguido con respecto a los objetivos propuestos. Se puede realizar una evaluación continua y un seguimiento en el que se tengan en cuenta las opiniones, quejas y sugerencias de las personas implicadas.

 **Recuerde**

La Ley Orgánica 3/2007, de 22 de marzo, para la igualdad efectiva de mujeres y hombres, establece en el art.15 que se incluirá el principio de igualdad de trato de forma transversal en todas las actuaciones de los Poderes Públicos.

5.3. La estrategia dual

La unión de las acciones positivas y la aplicación del *mainstreaming* suponen la estrategia dual, un mecanismo con mucha fuerza para combatir las desigualdades de género.

La estrategia dual es la combinación de políticas específicas de igualdad de oportunidades y la estrategia transversal del enfoque de género.

Cuando las medidas de acción positiva no son suficientes se refuerzan con la estrategia de *mainstreaming*.

A pesar de que hombres y mujeres tienen los mismos derechos en España, siguen produciéndose situaciones de gran desigualdad entre sexos: discriminación salarial, alto desempleo femenino, precarización de los empleos feminizados y unas tasas de violencia de género inaceptables para un país democrático. El Gobierno estima necesario introducir medidas de acción e incorporar el *mainstreaming* de género en las políticas gubernamentales, llevando a cabo una estrategia dual que se presenta a través de la Ley Orgánica 3/2007, de 22 de marzo, para la igualdad efectiva de mujeres y hombres.

Esta ley se refiere a las políticas públicas de España, tanto estatales como autonómicas. Los instrumentos básicos de la ley son el Plan Estratégico para la igualdad efectiva de mujeres y hombres y la creación de una Comisión Interministerial de Igualdad.

Define cómo será la transversalidad *(mainstreaming)* e incluye un marco de referencia para la adopción de acciones positivas. La ley presta atención a la corrección de desigualdades en el ámbito de las relaciones laborales y toma medidas en el ámbito de la conciliación personal, familiar y laboral, fomentando la corresponsabilidad parental entre hombres y mujeres.

5.4. Presupuestos con perspectiva de género

La forma en que se reparte el presupuesto público es un indicador de los valores de un país o comunidad. Muestra qué trabajos se valoran y qué grupos de personas son recompensados; muestra qué grupos son discriminados y poco valorados.

Los presupuestos con perspectiva de género tienen como premisa no ser neutrales al género. No son presupuestos separados para mujeres. Son una forma de distribución de los recursos económicos centrada en las personas y su calidad de vida y que tiene en cuenta que las mujeres no acceden de la misma forma que los hombres a los recursos.

Los presupuestos con perspectiva de género se pueden aplicar a cualquier actividad económica y a las políticas públicas administrativas. La característica fundamental es que profundizan en la democracia porque suponen una explicación de las cuentas más transparente y participativa.

Los presupuestos públicos con perspectiva de género son una forma de vincular las políticas de igualdad con la política macroeconómica.

Tanto si se realizan en la administración pública como en organizaciones, tienen efectos positivos para las mujeres, pues al redistribuir los recursos económicos considerando las necesidades de las ciudadanas se hace una repartición más justa.

Los **recursos para introducir la perspectiva de género en los presupuestos** son los siguientes:

1. Evaluación de las políticas con perspectiva de género. Se debe determinar si las políticas de igualdad asociadas a los recursos materiales tienen influencia sobre las desigualdades de género.
2. Evaluación de las personas beneficiarias. Determinar a quiénes beneficia el presupuesto y si las mujeres son las menos beneficiadas. Esto necesita un examen exhaustivo porque en los presupuestos frecuentemente se cometen discriminaciones indirectas.
3. Análisis del gasto y de los ingresos según sexo.
4. Análisis del impacto del presupuesto en el uso del tiempo, según sexo. Se determina cómo afecta el presupuesto a las tareas no remuneradas, como el cuidado y las tareas domésticas y si son las mujeres las más afectadas.

 Ejemplo

Un ejemplo de discriminación en los presupuestos puede ser la siguiente situación: un ayuntamiento subvenciona el alquiler de un estadio deportivo para que se realicen competiciones juveniles. Cuando termina la temporada deportiva se observa que la mayoría de los equipos de los diversos deportes eran masculinos. Un presupuesto con perspectiva de género habría detectado que los beneficiarios del presupuesto público serían mayoritariamente varones y se podrían haber tomado medidas de discriminación positiva para que llegara por igual a ambos sexos.

 Actividades

7. ¿Le parecen útiles los presupuestos con perspectiva de género? Argumente su respuesta.

Aplicación práctica

Suponga que trabaja en una asociación en la que se imparten talleres de informática a personas desempleadas y usted se encarga de la organización y promoción de los talleres. Cuando va a organizar las solicitudes recibidas detecta que el 80 % de las preinscripciones son de varones. ¿Qué medidas tomaría para aumentar la presencia femenina?

SOLUCIÓN

Se entiende que hay una infrarrepresentación de la mujer en la preinscripción a los cursos, por lo que se puede tomar una serie de medidas positivas hasta que haya una representación de géneros más equilibrada.

Las medidas que se podrían tomar son:

- Sistemas de cuotas:

  - Ampliar el plazo de inscripción hasta que se alcance entre el 40 % y el 60 % de inscripciones de mujeres.
  - Ampliar el número de plazas hasta que se alcance entre el 40 % y el 60 % de inscripciones de mujeres.

- Subvenciones específicas:

  - Becar la inscripción de mujeres.
  - Ofrecer una beca por participar en el taller para cubrir las necesidades que pudieran tener las mujeres, como hacer uso de una guardería o los gastos de desplazamiento.

- Adaptación de horarios para que las mujeres puedan conciliar el taller con su vida laboral, personal y familiar.
- Sensibilización: realizar promoción de los talleres en espacios que sean visitados por mujeres, utilizando lenguaje e imágenes no sexistas y que las inviten a participar.
- Medida de discriminación positiva: realizar otro taller aparte, exclusivamente para mujeres.

6. Manejo y utilización de recursos existentes en materia de igualdad de género

Las personas profesionales en materia de igualdad de oportunidades deben conocer todos los recursos que estén a su alcance para realizar su labor. A continuación, se exponen algunos de ellos.

6.1. Localización del mapa de instituciones y principales agentes sociales en el contexto de intervención

Se considera que son agentes sociales aquellas entidades u organismos que ofrecen atención social y que pueden colaborar en acciones destinadas a la igualdad de oportunidades o que pueden ofrecer información y asesoramiento. Algunos de estos agentes sociales son:

- Servicios sociales y servicios sanitarios.
- Cuerpos policiales.
- Unidades de coordinación contra la violencia sobre la mujer y Unidades de violencia sobre la mujer: son unidades a nivel autonómico y provincial, respectivamente, que realizan funciones tales como seguimiento personalizado de los casos, prevención en el ámbito educativo, recogida de datos para fines estadísticos y coordinación de recursos nacionales. Dependen de la Delegación del gobierno para la violencia de género (DGVG).
- Unidad de Atención a la Familia y Mujer (UFAM): unidad de la Policía Nacional que lucha contra la violencia de género, doméstica y sexual.
- Equipos de Mujer y Menor (EMUMES): equipo de la Guardia Civil para proteger a mujeres víctima de violencia de género y a los menores afectados.
- Servicios gratuitos de asistencia jurídica para mujeres maltratadas.
- Centros de acogida.
- Partidos políticos.
- Asociaciones.
- Sindicatos.
- ONG.

Sabía que...

El apoyo que pueda recibir un proyecto depende en gran medida de la conexión que tenga con otros agentes sociales.

6.2. Localización de los organismos de igualdad

La localización de los organismos de igualdad va a depender de la ubicación geográfica en la que se sitúe la intervención. A continuación, se exponen los principales organismos divididos en nacionales, autonómicos y locales.

Nivel nacional

El principal organismo de igualdad es el ministerio del mismo nombre y el Instituto de las Mujeres, que es un organismo autónomo, adscrito a aquel. Sus funciones son promover y fomentar la igualdad de ambos sexos, facilitando la participación de las mujeres en todos los ámbitos, impulsar políticas de empleo y fomentar la aplicación transversal del principio de igualdad de trato y no discriminación.

Sabía que...

El IMs gestiona a su vez el Observatorio de Igualdad de Oportunidades y el Observatorio de la Imagen de las Mujeres.

Es importante la presencia de varios Observatorios de Género:

- **Observatorio estatal de Violencia sobre la Mujer:** tiene como función el asesoramiento, la evaluación y la colaboración estatal a través de la elaboración de informes, estudios y propuestas en materia de violencia de género.
- **Observatorio de la Salud de las Mujeres:** organismo de la Dirección General de Salud Pública, cuyo objetivo es promover la disminución de las desigualdades en salud por razón de género.
- **Observatorio contra la Violencia Doméstica y de Género del Consejo General del Poder Judicial:** su finalidad es promover iniciativas y medidas dirigidas a erradicar la violencia doméstica y de género desde el ámbito de la Administración de la Justicia.
- **Observatorio militar para la igualdad entre mujeres y hombres en las Fuerzas Armadas:** analiza y muestra información sobre la mujer en las Fuerzas Armadas.

Nivel autonómico

Todas las Comunidades Autónomas tienen sus propios Institutos de la Mujer para llevar a cabo las políticas dirigidas a mujeres en su ámbito geográfico.

También gestionan las casas de acogida y pisos tutelados para mujeres víctima de violencia de género y dispositivos de emergencia a través de las Direcciones Provinciales.

Las Comunidades Autónomas también ponen a disposición de las mujeres, a través de Direcciones Provinciales, pisos y centros para madres de familias monoparentales en riesgo de exclusión social.

También existen pisos tutelados para mujeres en contexto de prostitución o en riesgo de exclusión social por diversos motivos, como toxicomanías.

Las Oficinas de Asistencia a las Víctimas del delito también son gestionadas por las Direcciones Provinciales.

Nivel local

Dependiendo de la zona geográfica existen diferentes recursos. No todas las localidades tienen el mismo tipo de centro y habrá localidades que estarán englobadas en comarcas.

- Área de Igualdad del Ayuntamiento.
- Centro municipal de información a la mujer.
- Centro comarcal de información y servicios para la mujer.
- Centro asesor de la mujer.
- Servicios municipales de atención a la mujer.

6.3. Localización, actualización y desarrollo de recursos específicos para la promoción de igualdad de mujeres y hombres, empoderamiento de las mujeres y en materia de violencia de género

Las personas profesionales en materia de igualdad deben tener sus recursos actualizados. Para ello, es recomendable visitar periódicamente el Instituto de las Mujeres, que muestra los recursos disponibles por provincias y que se actualiza constantemente. A continuación, se señalan algunos recursos básicos que se deben manejar.

Planes de igualdad de oportunidades para las empresas y organizaciones

Los planes de igualdad son medidas tomadas en las empresas y organizaciones destinadas a alcanzar la igualdad de trato y de oportunidades entre mujeres y hombres, así como eliminar cualquier discriminación por sexo. Dependiendo de la plantilla que tenga la empresa, la implantación de estos planes será obligatoria o voluntaria. En las empresas que tienen menos de 50 personas trabajadoras, los planes de igualdad tienen carácter voluntario; sin embargo, el resto de empresas deben implantarlo de forma obligatoria conforme a la Ley Orgánica 3/2007, de 22 de marzo.

Para apoyar esta implantación, el Gobierno convoca anualmente subvenciones dirigidas a empresas llamadas "Subvenciones para la elaboración e implantación de planes de igualdad"; también ofrece un servicio de asesoría gratuita, el "Asesoramiento y ayudas para planes de igualdad", accesible en la página web <www.igualdadenlaempresa.es>.

Negociaciones colectivas

Es la forma en que se adaptan las necesidades en materia de igualdad de género a las diferentes realidades profesionales. En las negociaciones colectivas participan los altos cargos directivos, las personas empleadas y los sindicatos o sus representantes legales y son una herramienta imprescindible para realizar una adecuación realista de las medidas a tomar respecto a las necesidades de las personas. Según el art. 10 de la Ley 15/2022, de 12 de julio, en la negociación de los convenios colectivos no se pueden fijar límites, divisiones o exclusiones en determinados aspectos relacionados con el ámbito laboral, tales como, el acceso al empleo, la formación, la retribución, la promoción, la jornada, etc.

Distintivo "igualdad en la empresa"

Es una marca de excelencia que sirve para reconocer a las empresas y entidades que implantan medidas de igualdad de oportunidades. Se convoca anualmente y tiene una vigencia inicial de cinco años. Transcurridos dos años naturales, el Instituto de las Mujeres solicita a las entidades un informe en el que conste que mantienen el nivel de excelencia.

Programa de inserción sociolaboral para mujeres víctima de violencia de género

Destinado a mujeres que tengan reconocida su situación como víctima de violencia de género y que se encuentren inscritas como demandantes de empleo, consiste en un programa de inserción sociolaboral individualizado que incluye las siguientes medidas:

- Programa formativo específico que facilite encontrar un empleo.
- Incentivos para comenzar una actividad por cuenta propia.
- Incentivos para facilitar la movilidad geográfica en la búsqueda en empleo.
- Incentivos para compensar las diferencias salariales.

Estas medidas son gestionadas por el Servicio Público de Empleo Estatal y los órganos o entidades competentes en la gestión de políticas activas de empleo de las Comunidades Autónomas.

Ayuda económica específica para mujeres víctimas de violencia de género con especiales dificultades para obtener un empleo (art. 27 Ley Orgánica 1/2004, de 28 de diciembre)

Consiste en una ayuda económica equivalente a seis meses de subsidio por desempleo. Se abona en un pago único. La cantidad dependerá de si tiene menores a cargo y personas dependientes. Un requisito para beneficiarse de esta ayuda es no obtener rentas por encima del 75 % del salario mínimo interprofesional y encontrarse en una situación de especial dificultad para encontrar empleo.

La cuantía de la ayuda y las condiciones pueden cambiar si se tienen menores a cargo o si se presenta algún tipo de discapacidad.

Subsidio por desempleo para personas víctimas de violencia de género o sexual

Las víctimas de violencia de género o sexual, así definidas y acreditadas según la Ley Orgánica 1/2004 de 28 de diciembre, tienen derecho a un subsidio por desempleo si no tienen derecho a la prestación de nivel contributivo, no han sido beneficiarias de tres programas de renta activa de inversión (RAI), están inscritas como demandantes de empleo y han suscrito el acuerdo de actividad y no tienen rentas propias.

Su cuantía consiste en aplicar al indicador público de rentas de efectos múltiples mensual vigente: el 95 % durante los primeros 180 días; el 90 %, del día 181 al 360; y el 80 %, a partir del día 361. Su duración máxima es de 30 meses, aunque pasa a ser de 20 meses si la persona se ha beneficiado de un programa de RAI y a 10 meses, si han sido dos programas. Este subsidio no se puede compatibilizar con un trabajo por cuenta propia.

Se puede volver a solicitar si han transcurrido como mínimo tres años desde la primera RAI o subsidio y la persona víctima de violencia cumple los requisitos para poder acogerse a él de nuevo. Este subsidio también pueden solicitarlos las víctimas de violencia ejercida por los padres o por los hijos.

7. La utilización de las TIC para promover la igualdad y el trabajo cooperativo

Las mujeres se van incorporando progresivamente a los espacios de toma de decisiones a través de los espacios formales. Pero donde hay una gran presencia femenina es en los espacios informales, en el asociacionismo, siendo la red una gran herramienta para poner en contacto a mujeres con los mismos intereses y reivindicaciones.

La sociedad de la información conlleva nuevas oportunidades y las TIC (Tecnologías de la Información y la Comunicación) han fomentado la creación de redes de mujeres. Gracias a las TIC las mujeres pueden contactar con otras personas, generar y acceder a información de forma alternativa, superando la histórica invisibilización en la generación del conocimiento.

 **Recuerde**

Las TIC han fomentado la creación de redes de mujeres.

Las TIC han servido a las mujeres para empoderarse, permitiéndoles asociarse, buscar empleo o emprender sus propias iniciativas empresariales saltando el obstáculo de los horarios y las dobles jornadas. La igualdad entre mujeres y hombres en el acceso a las TIC es llamada "e-igualdad".

El acceso a las TIC supone la entrada de nuevas oportunidades, pero hombres y mujeres no tienen los mismos niveles de acceso: es la llamada brecha digital de género. En España esta brecha digital está disminuyendo progresivamente aunque sigue siendo importante. Las mujeres tienen menor acceso debido a la menor incorporación al mercado laboral y a su alta presencia en espacios poco informatizados, como el espacio doméstico. En cuanto a los contenidos de ocio, las TIC están muy enfocados a los varones y esto provoca menor interés en las mujeres. Así mismo, el acceso a internet requiere conocimientos específicos, por lo que alcanzar el recurso no es suficiente si no se sabe utilizar.

Actividades

8. Localice en internet una red de mujeres emprendedoras. ¿Cómo comparten la información? ¿Podría haberse organizado dicha red sin el uso de las nuevas tecnologías?

7.1. Estrategias para la creación de redes

Las herramientas 2.0 de internet permiten un uso cooperativo e interconectado fundamental para la participación de las mujeres: portales formativos, blogs, redes personales y profesionales, venta electrónica.

A continuación, se exponen estrategias para la creación, potenciación o refuerzo de redes dentro de un espacio de intervención.

- **Acciones formativas:** realizar actividades de alfabetización digital entre mujeres para que la falta de habilidades digitales no sea un obstáculo en el acceso a las TIC.
- **Encuentros con emprendedoras:** reuniones con mujeres que utilizaron las TIC para emprender un negocio o actividad y que comparten su experiencia, sirviendo de referentes.
- **Actuaciones de información, difusión y sensibilización** sobre recursos en la red que pueden ser útiles a las mujeres, tanto en el cooperativismo como en la prevención de la violencia de género.
- **Creación de plataformas virtuales de participación.**

Actividades

9. Visite el portal web del Instituto de las Mujeres y localice los Programas Sociedad de la Información. ¿Existe algún programa de confianza y seguridad de las mujeres en la red?

8. Resumen

A lo largo del capítulo se ha presentado cómo el feminismo ha influido en la aplicación de las actuales políticas de Igualdad de Oportunidades.

Los movimientos feministas detectaron que existe un techo de cristal en muchas organizaciones que no permite a las mujeres promocionarse de la misma forma que los hombres, lo que les impide acceder a cargos de alta responsabilidad y toma de decisiones.

Para superar el techo de cristal y otras discriminaciones se toman medidas positivas y se aplica la perspectiva de género en todos los niveles de las organizaciones.

El empoderamiento de las mujeres es un gran impulsor para que puedan tener una presencia en las esferas públicas y de poder, pues está relacionado con el autoconocimiento de las capacidades y la fuerza para hacer cambios.

Las TIC son una herramienta esencial para el empoderamiento de las mujeres como el asociacionismo femenino y el trabajo cooperativo. Es fundamental que las mujeres puedan acceder a las oportunidades de desarrollo que ofrecen las nuevas tecnologías.

Ejercicios de repaso y autoevaluación

1. **De las siguientes opciones, indique cuál es la correcta:**

   a. El techo de cristal es una barrera que impide a las mujeres ser madres.
   b. El techo de cristal es la desigualdad en la promoción profesional de las mujeres.
   c. El techo de cristal impide a los hombres avanzar en su carrera profesional.
   d. El techo de cristal son normas escritas para que las mujeres no avancen en sus carreras.

2. **¿Qué son las discriminaciones positivas?**

   _____
   _____
   _____
   _____

3. **Complete la siguiente oración.**

   La transversalidad de género es, por una parte, un _____:
   alcanzar la igualdad entre mujeres y hombres. A la vez, es un _____
   que mejora la presencia de las mujeres en la toma de decisiones.

4. **De las siguientes opciones, indique cuál es la correcta:**

   a. *Feminismo* es lo opuesto a *masculinismo.*
   b. *Feminismo* es lo mismo que *hembrismo.*
   c. *Feminismo* no es el equivalente femenino a *machismo.*
   d. *Feminismo* es el equivalente femenino a *machismo.*

5. **De las siguientes opciones, indique cuál es la correcta:**

Las medidas fundamentales para romper el techo de cristal son:

   a. Medidas de conciliación.
   b. Sistemas de cuotas.
   c. Revisión de la mentalidad corporativa.
   d. Todas las opciones son correctas.

6. **Explique qué son las acciones positivas.**

_____
_____
_____
_____

7. **De las siguientes opciones, indique cuál es la correcta:**

   a. El empoderamiento femenino permite dar mayor presencia y protagonismo a las mujeres en la sociedad y en los espacios de toma de decisiones.
   b. El empoderamiento femenino permite reducir las brechas socioeconómicas y culturales existentes entre sexos.
   c. El empoderamiento femenino permite que las mujeres ganen poder, tanto a nivel personal como a nivel social.
   d. Todas las opciones son correctas.

8. **De las siguientes frases, indique cuál es verdadera o falsa:**

   a. Aplicar un sistema de cuotas es una medida de acción positiva.

      ☐ Verdadero
      ☐ Falso

   b. Las TIC han sido una herramienta útil para el empoderamiento de las mujeres.

      ☐ Verdadero
      ☐ Falso

c. El feminismo estaba relacionado con el abolicionismo y el sufragismo.

☐ Verdadero
☐ Falso

9. **Indique qué acciones positivas se pueden tomar en una organización en cuanto a los procedimientos de reclutamiento, selección y contratación de mujeres.**

_____
_____
_____
_____
_____
_____
_____
_____

10. **De las siguientes opciones, indique cuál es la correcta:**

a. Los presupuestos con perspectiva de género son presupuestos para mujeres.
b. Los presupuestos con perspectiva de género son aquellos hechos por mujeres.
c. Los presupuestos con perspectiva de género no tienen en cuenta que las mujeres no acceden de la misma forma que los hombres a los recursos.
d. Los presupuestos con perspectiva de género tienen en cuenta que las mujeres no acceden de la misma forma que los hombres a los recursos.

Capítulo 5

Elementos estructurales para la igualdad efectiva de mujeres y hombres en el ámbito laboral

Contenido

1. Introducción

En un mercado laboral muy exigente, hombres y mujeres no acceden al empleo en igualdad de condiciones. La división sexual del trabajo sigue situando a las mujeres en las tareas del hogar y al hombre en el empleo formal. Aunque actualmente esta división sexual no es tan rígida, sigue habiendo grandes diferencias en la promoción de las mujeres, como se puede observar en la escasa presencia femenina en los puestos de alta dirección.

Ser mujer y pertenecer a un colectivo vulnerable es un motivo de doble o múltiple discriminación. Desde el Gobierno se proponen sistemas de apoyo específicos que faciliten el acceso al empleo formal de estos colectivos. La Ley Orgánica 3/2007, de 22 de marzo, para la igualdad efectiva de mujeres y hombres incluye medidas para estos colectivos y regula las características de los Planes de Igualdad para las empresas, cuyos objetivos son fomentar la presencia y participación femenina y eliminar la discriminación de género.

2. Aplicación del concepto de división sexual del trabajo

Las actividades no se reparten en la sociedad de forma neutral. Aunque la organización de la familia tradicional se está transformando de forma muy importante y la mujer se ha incorporado al empleo, se sigue dando en nuestra sociedad una división sexual del trabajo.

La división sexual del trabajo impone roles y tareas a las personas según su sexo; esta división sitúa a las mujeres en el espacio privado, realizando tareas domésticas, de cuidado y de crianza, mientras que a los hombres los sitúa en el espacio público, en el empleo formal, la provisión económica de la familia y el ejercicio de la autoridad. La división sexual del trabajo también significa la prohibición de realizar las tareas que son atribuidas al otro sexo.

En este esquema el mundo exterior es masculino y el interior es femenino. El hogar y la maternidad son el referente fundamental de la feminidad, mientras el referente para la identidad de los hombres es el éxito profesional y la obtención de ingresos para el hogar.

Actualmente la división sexual en nuestra sociedad no es tan rígida, pero se mantiene un universo simbólico en el que los diferentes roles, aptitudes y espacios son atribuidos a las personas según su sexo.

En las últimas décadas se están produciendo importantes transformaciones debido a la incorporación de la mujer al empleo formal y a un cambio de valores respecto a la distribución de responsabilidades y tareas de mujeres y hombres en el hogar y la crianza.

 Sabía que...

La división sexual del trabajo es uno de los pilares básicos del sistema patriarcal para someter a las mujeres.

La división sexual del trabajo supone también el posicionamiento del hombre en las actividades remuneradas y a las mujeres en las actividades no remuneradas, lo que las sitúa en una posición de dependencia económica del varón.

El trabajo doméstico es el soporte para el mercado laboral, ya que se hace gratuitamente por las mujeres en los hogares y es el trabajo que permite que los hombres trabajadores y las personas estudiantes cumplan sus obligaciones.

 Actividades

1. Analice las actividades de tres generaciones de una familia, puede ser la suya o una familia que conozca. Fíjese en las tareas que realizan hombres y mujeres en cada generación. ¿Se puede observar la división sexual del trabajo? Si se comparan las actividades de la generación más mayor con las actividades que realizan las personas más jóvenes, ¿se observan muchos cambios en esta división sexual?

La división sexual del trabajo también implica una división de saberes relacionados con los conocimientos necesarios para las tareas. A los hombres se les forma e instruye en las disciplinas necesarias para trabajar en el espacio público y a las mujeres se las orienta al conocimiento práctico para las tareas del hogar y el cuidado. Esto representa una jerarquización en el acceso y producción de conocimiento e información.

 **Recuerde**

La división sexual del trabajo también implica una división del conocimiento.

2.1. Usos del tiempo

Las mujeres, en su incorporación al trabajo, han heredado un mercado laboral capitalista y patriarcal, estructurado de acuerdo a la pauta masculina: trabajo a tiempo completo y organización socioeconómica masculina. Las jornadas laborales, los horarios de los servicios públicos, los horarios escolares y, en general, el horario de la sociedad se estructura bajo la premisa de que hay una persona en casa que cuida de niñas y niños, personas ancianas, enfermas; que gestiona el hogar y las responsabilidades familiares; que se encarga de las necesidades y el bienestar de la familia. Esto supone una gran presión para las mujeres, que se ven obligadas a conciliar gran cantidad de tareas.

Los hombres no se han adaptado suficientemente a la incorporación de las mujeres al empleo y el trabajo familiar y doméstico les sigue correspondiendo mayoritariamente a ellas: para el sistema patriarcal es esencial que esto continúe de esta manera, pues su base socioeconómica se fundamenta en el mantenimiento del espacio reproductivo por parte de las mujeres.

La utilización del tiempo por parte de mujeres y hombres es más parecida cuando las personas son jóvenes y no han organizado una familia. En la etapa en la que se contrae matrimonio o se forma una familia, se establece una relación formal y empiezan a crecer las diferencias en la repartición de tareas. Las mujeres casadas o en pareja, independientemente de que hayan tenido hijos o hijas, empiezan a realizar más tareas no remuneradas que las mujeres que están solteras; sin embargo, el tiempo que los hombres dedican al trabajo no remunerado no se ve afectado por el hecho de formar una familia.

 Actividades

2. Localice en internet el video de ONU mujeres "Más igualdad en el cuidado. Más igualdad de derechos". ¿Cuál es la reivindicación que se hace a través del vídeo?

Actualmente las mujeres son cada vez más reacias a interrumpir sus carreras por motivos familiares, y participan más en el mercado laboral que las mujeres de otras generaciones. El modelo de familia en el que hombre y mujer trabajan, fuera del hogar, está creciendo.

3. Aplicación de la definición de trabajo e identificación de elementos diferenciales entre trabajo productivo y reproductivo

En los sistemas capitalistas el concepto "trabajo" se refiere al empleo, al trabajo asalariado, no reconociendo como tal las actividades en las que no se recibe dinero a cambio, como son las tareas del hogar y el cuidado de familiares y descendientes. Un reconocimiento de las tareas del hogar y del cuidado significa una definición más amplia del concepto "trabajo" descrito como las actividades que producen bienes y servicios, para uso propio o para su intercambio por una remuneración o una ayuda. Este reajuste y ampliación de la definición del trabajo implica la división en dos categorías: trabajo productivo o reproductivo.

El **trabajo productivo** se refiere a las actividades relacionadas con los ámbitos económicos, políticos y sociales, por los que se perciben prestaciones económicas. Estas actividades se desarrollan en el ámbito público.

El **trabajo reproductivo** es el relativo a las tareas domésticas, la crianza y el cuidado de personas. Se desarrolla en el espacio privado, en el hogar.

El sistema patriarcal atribuye las tareas productivas a los hombres y las tareas reproductivas a las mujeres, justificándose en características biológicas.

El trabajo reproductivo consume gran parte del tiempo de las personas, y las tareas propias de este ámbito son realizadas mayoritariamente por las mujeres, generando situaciones de desigualdad en el hogar, que son extensibles al resto de la sociedad.

El reparto del trabajo reproductivo entre mujeres y hombres supone un ejercicio de justicia. La obligación que la sociedad impone a las mujeres de asumir las tareas reproductivas tiene consecuencias negativas para las mujeres, que no pueden atender tantas obligaciones, y son un mecanismo de sometimiento al dificultar su desarrollo en el espacio productivo.

 Recuerde

El concepto "trabajo" se refiere a las actividades que producen bienes y servicios, para uso propio o para su intercambio por una remuneración o una ayuda.

4. Proceso de consolidación de las mujeres en el ámbito del empleo en España, recorrido histórico y referentes a nivel sindical, empresarial, y asociativo

A principios del siglo XX, en España, las mujeres no solo eran amas de casa, sino que también trabajaban en el servicio doméstico, el campo y las fábricas. Ya existía la suspensión del contrato por maternidad con derecho a reservar el puesto de trabajo durante este tiempo, así como una hora al día disponible para la lactancia. Las condiciones de las personas que trabajaban estaban reguladas en el Código Civil hasta 1926, año en el que se regulan las condiciones de los contratos de forma específica.

Existía una gran discriminación salarial, llegando a cobrar las mujeres hasta un 50 % menos que los hombres. La población activa femenina representaba alrededor del 18 % del total de la población activa, siendo la mayoría trabajadoras agrícolas. Las mujeres empezaban a trabajar muy pronto, entre los 9 y los 14 años, manteniéndose hasta los 25 o 30 años, momento en que se casaban y eran madres.

Con la paulatina desaparición de los pequeños talleres familiares, las mujeres se incorporan a la industria, especialmente a la textil y tabaquera.

Fotografía del 28 congreso de cigarreras españolas (1920)

Durante la II República (1931-1936) se reconoce el derecho de asociación y sindicación para las mujeres, así como el derecho a la jornada laboral de 8 horas.

? Sabía que...

El derecho al voto para la mujer en España se logra en 1931.

Un tercio de las mujeres asalariadas trabajaban en el servicio doméstico y aproximadamente dos tercios eran obreras cualificadas. Seguía existiendo una gran brecha salarial. En todos los sectores, el máximo salario que lograba una mujer no alcanzaba al salario mínimo que cobraba un hombre en las mismas condiciones.

Se formaron las primeras asociaciones de trabajadoras domésticas, como la "Asociación de obreros y obreras del Hogar" y el "Sindicato de Servicio Doméstico". Otras organizaciones fueron la "Asociación Laboral Unión de Modistas", el "Sindicato de la Aguja" y las asociaciones de costureras, planchadoras y sombrereras, que demandaban la desaparición del trabajo domiciliario y la creación de talleres.

Mujeres madrileñas pertenecientes al Sindicato de la Aguja

A medida que aumentaba la presencia de la mujer en el mercado laboral, aumentaba también la participación en sindicatos y partidos obreros.

El Gobierno de la II República había puesto en manos de las mujeres la Dirección General de Prisiones; admitía a las mujeres en puestos de notaría o registros y les permitía presentarse como candidatas al Congreso de los Diputados. Sin ni siquiera el derecho al voto hasta 1931, a la mujer le estaban prohibidos todos estos espacios. El Gobierno Provisional de la República había hecho más por las mujeres que cualquier otro desde el siglo XIII. Eran avances recogidos en la Constitución, que proclamaba una sociedad igual para mujeres y hombres.

 Actividades

3. ¿Qué supuso el reconocimiento del derecho a la asociación, para las mujeres, durante la II república?

Durante la Guerra Civil Española (1936-1939) la mujer tomó un nuevo rol. Muchas se movilizaron, formando parte del ejército, tomando especial relevancia la figura heroica de la mujer miliciana, símbolo de la movilización contra el fascismo.

Mujeres milicianas españolas

La **Dictadura Franquista (1939-1975)** significó un deterioro general de las condiciones de las personas trabajadoras. La Dictadura ejerció una fuerte y sanguinaria represión a las organizaciones políticas y sindicales. Desde la Dictadura se promulgaba e imponía una sociedad patriarcal católica, que limitaba a las mujeres a las tareas del hogar. Prohibió trabajar a las mujeres casadas y no podían presentarse a oposiciones de jueza, notaria, diplomática, abogada y otras muchas. Las mujeres no eran mayores de edad ante la ley hasta que tenían 25 años.

Los años sesenta significaron una liberalización de la economía, lo que implicaba explotar todos los recursos humanos disponibles: se aprobaron los derechos laborales de las mujeres, pero con muchas limitaciones. Por ejemplo, no podían acceder a la carrera judicial, tenían que contar con el permiso de los maridos para trabajar y los esposos tenían derecho a cobrar sus salarios, pero se eliminó la exención forzosa del trabajo por contraer matrimonio.

En 1966 se levantó la prohibición de la mujer en el acceso a la carrera judicial y en 1971 se nombró a la primera jueza española.

La presencia de la mujer en el sector servicios se fue incrementando entre 1950 y 1975, llegando a representar el 50 % de la población activa femenina.

La **Democracia** significó un profundo cambio para las mujeres. La Constitución de 1978 supuso la igualdad jurídica para toda la ciudadanía. Ante la ley, mujeres y hombres ya no tenían distinción. Se eliminaron las limitaciones para las mujeres en el acceso al trabajo, se reguló la separación y el divorcio, se despenalizó el aborto.

Entre 1976 y 1985 se produjo una alta incorporación de las mujeres al mercado laboral, debido en parte a la eliminación de las restricciones de la Dictadura Franquista. Pero esta incorporación se hizo en un periodo de desindustrialización y cambios estructurales en el mercado laboral; las mujeres accedían en gran medida al sector servicios y bajaba su presencia en la industria.

La crisis laboral de este periodo afectó a sectores industriales, muy masculinizados, y provocó una gran caída en las tasas de empleo masculino.

Además, la discriminación sistemática de las mujeres durante la Dictadura tuvo como efecto que estas presentaran niveles educativos aún muy bajos y poco competitivos. Las españolas tenían menor formación y cualificación que los hombres, debido a la herencia franquista, la doble jornada y las escasas medidas en materia de conciliación, por lo que las mujeres tenían grandes dificultades para formarse y obtenían ingresos más bajos que los varones.

Entre 1985 y 1994 se produce una recuperación del empleo, mejor en los sectores masculinizados que en aquellos en los que trabajaban las mujeres, ya que las políticas públicas favorecieron a la parte industrial.

La intensificación, en la etapa anterior, de la mujer en el espacio doméstico y en las tareas de cuidado, dificultó aún más su disponibilidad para volver al mercado, al no haber tenido posibilidades de formarse o reciclarse en ese periodo de desempleo.

 Sabía que...

Aunque la tasa de población activa había ido en aumento durante la década de los ochenta, la tasa de desempleo femenina no disminuía.

Entre 1995 y 2007 se crearon más de 8.000.000 de empleos, y las mujeres ocuparon más de 4.000.000 de esos puestos. Las españolas estaban formándose cada vez más y esto supuso un gran beneficio para acceder al mercado laboral.

En el transcurso de las últimas décadas había quedado probado que la igualdad jurídica recogida en la Constitución no era suficiente para que las mujeres pudieran alcanzar la igualdad de oportunidades, por lo que en el año 2007 se aprueba la Ley Orgánica 3/2007, de 22 de marzo, para la igualdad efectiva de mujeres y hombres, que tomó medidas positivas para las mujeres e hizo especial énfasis en la corresponsabilidad y conciliación familiar, lo cual ha beneficiado a las mujeres en sus carreras laborales y en el acceso al empleo. Estas medidas fueron reforzadas por la Ley de Medidas de Protección Integral contra la Violencia de Género, del año 2004, y la Ley de Dependencia, del 2006, que regulaban soluciones para poder realizar el cuidado de menores y otras personas familiares sin perder el puesto de trabajo.

Pero la llegada de la crisis económica, las reformas laborales, las medidas de austeridad y los recortes sociales han impedido que estas nuevas leyes pudieran beneficiar plenamente a las mujeres.

La crisis económica iniciada en el año 2007 provocó una destrucción del empleo, sobre todo en sectores muy masculinizados, como la construcción y la automoción, y esta destrucción afectó en mayor medida a las personas con menor formación.

Entre 2007 y 2018 se destruyó más de 4 000.000 de puestos de trabajo y este aumento de desempleo afectó especialmente a las mujeres. La crisis económica dañó a todos los sectores, incluido el sector público, al que la mujer iba incorporándose de forma importante en las últimas décadas.

La tasa de paro entre los años 2020 y 2021 disminuyó, siendo esta disminución levemente mayor en los hombres que en las mujeres (0,65 % frente a 0,60 %). Sin embargo, el análisis del paro en el año 2022 puso de manifiesto que la tasa de las mujeres (14,89 %) frente a la de los hombres (11,39 %) volvía a reflejar la desigualdad en el acceso al empleo entre ambos sexos. En el año 2023 se mantuvo esta tendencia con valores para las mujeres del 13,87 % y para los hombres del 10,66 %.

Otro sector feminizado muy afectado es el sector servicios, especialmente a partir de las últimas reformas laborales, que abarata y facilita el despido. Estas medidas causan efectos importantes en el trabajo temporal, el cual es ocupado mayoritariamente por mujeres, que sufren la inestabilidad e inseguridad de la temporalidad.

A los efectos laborales de la crisis hay que añadir las consecuencias de los ajustes presupuestarios y otras políticas anticrisis, que han afectado de forma negativa a las mujeres.

La brecha salarial entre mujeres y hombres sigue siendo alta, lo que, unido a la inestabilidad del trabajo temporal, la escasa participación del hombre en el espacio doméstico y la segregación (tanto vertical como horizontal) está contribuyendo de forma creciente a la feminización de la pobreza.

Las medidas de austeridad son un triple mecanismo de sometimiento social de las mujeres, ellas son las más afectadas:

- Por la disminución de salarios y de oportunidades.
- Por los recortes sociales y públicos.
- En los recortes económicos en materia de conciliación y corresponsabilidad.

Estas medidas de austeridad suponen una vuelta forzada de las mujeres al hogar y a las tareas de cuidado, lo que contribuye a su sumisión y control por parte de la sociedad.

 Sabía que...

Actualmente, a los hombres ocupados les es más fácil conciliar vida profesional y personal cuando sus parejas, mujeres, están desempleadas. Sin embargo, las mujeres empleadas cuyas parejas varones están en paro, se encuentran con más dificultades para conciliar todas las responsabilidades, pues la especialización del hombre en el espacio doméstico ni ha ocurrido ni está ocurriendo.

Los sindicatos tienen gran influencia en las condiciones de trabajo y en el desarrollo de la sociedad, pues son organizaciones cuya finalidad es servir como medio de negociación entre las personas empleadas y el empresariado. Son instituciones complejas, estructuradas en niveles de responsabilidad, donde se produce un reparto de tareas y de toma de decisiones. En este contexto, la incorporación de la mujer presenta los mismos obstáculos que en cualquier organización o empresa.

En España, la tasa de afiliación femenina a sindicatos, en general, es inferior a la tasa masculina, lo cual se explica, entre otras razones, porque también es menor el número de mujeres con empleo comparado con el de hombres.

Sabía que...

En España, el porcentaje de mujeres que nunca han estado afiliadas a un sindicato es mucho mayor que el de hombres.

Las ramas donde se da una mayor afiliación de mujeres son la Federación de Empleadas y Empleados de los Servicios Públicos (incluye el sector de la enseñanza), la Federación de Trabajadores de Comercio, Hostelería-Turismo y Juego seguido por la Banca.

La mayoría de representantes sindicales son hombres y los puestos directivos presentan infrarrepresentación general femenina, es decir, el techo de cristal existe también en los sindicatos. Hay un paralelismo entre la posición de subordinación de las mujeres en la cultura empresarial y su posición en la estructura sindical.

Las reivindicaciones sindicales muestran una creciente preocupación por los temas relacionados con la mujer: sus problemas específicos, la negociación colectiva y la acción social sindical. Esto ha sido influenciado por la introducción de las reivindicaciones feministas.

5. Participación y representación en sus órganos directivos

El aumento de la presencia de la mujer en el ámbito formativo no ha supuesto un aumento equivalente en altos cargos directivos.

En España, en el año 2023, el 49,6 % de las mujeres tenían estudios superiores y suponían el 52,6 % de la población ocupada con este nivel de estudios. Sin embargo, solo el 34,7 % de las mujeres ocupaban puestos directivos y gerentes en las empresas.

Muchas compañías presentan todavía un estilo de organización heredado de hace años, una cultura masculinizada diseñada para la familia en la que la mujer estaba en el hogar.

Los altos cargos directivos requieren muchos años de dedicación. En España, el número de mujeres directivas desciende en los puestos que necesitan más de 10 años de dedicación; el nivel de ocupación de las mujeres empieza a bajar coincidiendo con la época principal de maternidad. Las mujeres interrumpen sus carreras más que los hombres debido, en parte, a la crianza, lo que supone otra dificultad para acumular antigüedad, lo que entorpece el acceso a la alta dirección.

Tomando de referencia las grandes empresas, se estima que el perfil de las directivas españolas es el de mujeres casadas, de entre 35 y 45 años, madres y con formación superior, mayoritariamente en ramas empresariales y económicas. A mayor número de hijos e hijas desciende la presencia de mujeres en estos cargos. El perfil medio del hombre directivo es el de varones de entre 45 y 65 años y con una experiencia de más de 10 años, mientras apenas hay mujeres directivas con más de 55 años.

La mayoría de las parejas de mujeres directivas trabaja a tiempo completo, cosa que no ocurre con los hombres directivos. Las mujeres llegan a los altos cargos tras la promoción interna, mientras una parte importante de hombres lo hace a través de una empresa de selección externa. Los departamentos donde se concentran más mujeres, con responsabilidad directiva, son el de recursos humanos y el de administración.

Las mujeres directivas cobran menos que los hombres en los mismos puestos, en parte debido a la menor acumulación de antigüedad.

Existe una relación directa entre la presencia femenina en puestos de alta dirección y resultados empresariales positivos. Los países que presentan menores diferencias de género son los más competitivos económicamente y las empresas con altos porcentajes de mujeres, sobre todo en puestos directivos, muestran altos beneficios financieros.

Pueden ser varios los motivos por los que la presencia de mujeres directivas es beneficiosa para las empresas. Es posible que las compañías en las que hay muchas mujeres promocionen a las personas por sus méritos independientemente del sexo. Otro motivo es el estilo de liderazgo femenino en la alta dirección, caracterizado por el interés en el desarrollo de las personas, las expectativas y las recompensas, así como la formulación de sistemas de tomas de decisiones de forma participativa. Este estilo de liderazgo influye positivamente en las responsabilidades que tienen las personas empleadas, supone una postura de dirección basada en la comunicación eficiente y un entorno de trabajo y de valores fundamentado en las personas.

 Sabía que...

En España existe la FEDEPE, Federación Española de Mujeres Directivas, Ejecutivas, Profesionales y Empresarias, cuyo objetivo es impulsar el liderazgo femenino.

 Actividades

4. Defina con sus propias palabras el liderazgo femenino.

Los principales factores que influyen en la promoción de las mujeres a altos cargos directivos son la formación, el acceso a redes de influencia, la participación en procesos de mentorización, la autoconfianza y la ausencia de obligaciones familiares, pareja e hijos o hijas.

Las mujeres con responsabilidades familiares ascienden en menor medida, por lo que la maternidad y las tareas reproductivas siguen siendo un obstáculo para promocionarse.

Los estereotipos de género también influyen en la promoción femenina. El empresariado supone que las mujeres están menos dispuestas que los hombres a optar a puestos de gran responsabilidad, horarios amplios y desplazamientos, a la dedicación plena que exigen estos cargos.

 Sabía que...

La escasa presencia de mujeres en las altas esferas de dirección supone una falta de referentes y de modelos de rol a seguir por el resto de mujeres de la organización.

6. Identificación de los colectivos de mujeres con especiales dificultades en el contexto de intervención

El factor género es un condicionante diferencial en el acceso al empleo. Las mujeres con mayores dificultades para encontrar trabajo sufren el riesgo de caer en la exclusión social y pueden sufrir discriminaciones múltiples. Estos colectivos más vulnerables son:

- Mujeres muy jóvenes.
- Mujeres mayores de 45 años.
- Mujeres sin formación.
- Mujeres en búsqueda de su primer empleo.
- Mujeres migrantes.

- Mujeres pertenecientes a minorías étnicas, religiosas o culturales.
- Mujeres con discapacidad.
- Mujeres de entornos rurales.
- Madres de familias monoparentales.
- Viudas.
- Mujeres víctimas de violencia de género.
- Mujeres víctimas de trata con fines de explotación laboral o sexual.
- Mujeres reclusas.
- Mujeres con enfermedades como VIH-SIDA.
- Mujeres drogodependientes.

6.1. Características de los colectivos vulnerables de mujeres

La sociedad actual ha heredado del sistema patriarcal un conjunto de obstáculos para que las mujeres, en general, no puedan acceder al mercado laboral. A esta herencia hay que añadir los factores que hacen que ciertos grupos de mujeres estén más expuestas a sufrir situaciones de discriminación laboral y exclusión social, por sus características o por la situación en la que se encuentran.

Las mujeres muy jóvenes en busca de empleo presentan perfiles de baja cualificación profesional y escasa experiencia, dos grandes obstáculos para acceder al mercado laboral. Esta falta de oportunidades laborales dificulta que las mujeres jóvenes alcancen su independencia económica y les impide el acceso a la vivienda.

Las mujeres mayores de 45 años presentan grandes dificultades para entrar o permanecer en el mercado laboral, por lo que generalmente sufren el desempleo de larga duración. Frecuentemente presentan un desfase tecnológico respecto a las mujeres jóvenes y tienen gran dificultad para adaptarse a las exigencias del mercado. Además, la edad es un factor primordial en los procesos selectivos de las empresas, por lo que muchas veces son discriminadas por la edad al margen de sus experiencias y capacidades.

Las mujeres sin formación y sin experiencia acceden a puestos de trabajo mal remunerados o realizan trabajos en la economía sumergida.

Las mujeres pertenecientes a minorías étnicas y las mujeres migrantes tienen especiales dificultades en el acceso a la formación y en el reconocimiento de sus experiencias profesionales anteriores; estos colectivos sufren una gran precariedad y temporalidad laboral. Pueden verse desprotegidas ante el desconocimiento de los sistemas de apoyo estatales o los sistemas de protección social.

Las mujeres con discapacidad se pueden encontrar con los prejuicios del empresariado y con espacios de trabajo no adaptados a sus necesidades.

Las mujeres de entornos rurales se encuentran con menos oportunidades de trabajo que aquellas que viven en grandes localidades, donde existe más oferta y demanda y, por tanto, más posibilidades de empleo.

 Nota

En el mercado laboral, las mujeres no solo se encuentran con obstáculos relacionados con la experiencia, los recursos y la formación: tienen que enfrentarse también a los prejuicios del empresariado.

Las mujeres de familias monoparentales se encuentran con un mayor número de obligaciones, al hacerse cargo ellas solas de todas las responsabilidades familiares y económicas.

Las mujeres viudas han pasado de un modelo familiar en el que se contaba con el apoyo de la pareja a una situación sobrevenida en la que tienen que afrontar ellas solas las obligaciones y responsabilidades. En aquellas familias en las que el hombre es el proveedor y la mujer se encarga del trabajo reproductivo supone la pérdida del sustento familiar, por lo que las viudas de estas familias pueden verse en situaciones de gran vulnerabilidad.

Las mujeres víctimas de violencia de género frecuentemente interrumpen sus carreras laborales debido a su situación personal. Las mujeres autónomas pueden ver muy afectadas sus actividades o negocios debido a estos parones. Por otra parte, mujeres de un modelo familiar en las que el maltratador es el proveedor de la familia, al alejarse de su agresor se encuentran en una situación de dificultad económica.

Las mujeres reclusas se ven afectadas por el tiempo que pasan en el centro penitenciario, periodo en el que se interrumpe su participación en los ámbitos sociales, entre ellos el ámbito laboral; pueden sufrir estigma social y la desconfianza del empresariado.

Las mujeres con enfermedades como VIH-SIDA se pueden encontrar en una situación en la que presenten muchas necesidades relacionadas con su salud. Dependiendo de las enfermedades, pueden sufrir estigma social y el empresariado no desea contratarlas pensando que tendrán muchas ausencias en el trabajo.

Las mujeres drogodependientes tienen grandes dificultades para integrarse en la sociedad. Necesitan apoyo social y sanitario y el empresariado es muy reacio a dar oportunidades a personas toxicómanas o extoxicómanas por desconfianza y por el estigma social que genera.

6.2. Sistemas de apoyo específicos

Para atender las necesidades de los grupos de mujeres más vulnerables existe una serie de sistemas de apoyo específicos que se exponen a continuación.

Programa de inserción sociolaboral para mujeres víctima de violencia de género

Medidas en materia de orientación sociolaboral e incentivos, gestionadas por el Servicio Público de Empleo Estatal y los órganos o entidades competentes en la gestión de políticas activas de empleo de las Comunidades Autónomas.

Programa CLARA

Desarrollado desde el Instituto de las Mujeres, tiene como objetivo promover los derechos sociales y económicos de mujeres en situaciones de especial vulnerabilidad. Es un itinerario personalizado en el que se desarrollan habilidades sociales, se cultiva la autoestima y la autoconfianza. Las mujeres reciben asesoramiento y formación ocupacional.

Está destinado a:

- Víctimas de violencia de género.
- Mujeres responsables de núcleos familiares.
- Mujeres mayores de 45 años sin titulación.
- Mujeres jóvenes.
- Mujeres pertenecientes a minorías étnicas.
- Mujeres inmigrantes.
- Mujeres con discapacidad.
- Mujeres reclusas.
- Mujeres jóvenes sin titulación o baja cualificación.

Programa AURORA

Se realiza desde el Instituto de las Mujeres. Está destinado a fomentar el empoderamiento, promoción y participación de las mujeres del ámbito rural.

El objetivo principal del programa es desarrollar sus expectativas sociales, laborales y económicas. Se fomenta la autoconfianza y se trabajan aspectos relacionados con el emprendimiento y la realización de proyectos empresariales.

Programas sectoriales SARA

Ayudan a mujeres víctimas de doble o múltiple discriminación y a colectivos de especial vulnerabilidad a afrontar sus problemas económicos, laborales y de formación profesional. El Instituto de las Mujeres colabora con distintas entidades para llevarlos a cabo, como:

- El programa **Mujeres Migrantes** consiste en el diseño de itinerarios de inserción laboral desde una perspectiva de género e interculturalidad. Se lleva a cabo con la colaboración de Cruz Roja Española y la Fundación CEPAIM.
- El programa **Mujeres pertenecientes a minorías étnicas** se centra en las mujeres de etnia gitana y para desarrollar el programa se utilizan

instrumentos desarrollados con la Fundación Secretariado Gitano: guías de salud, de motivación para el desarrollo personal y profesional y otras guías destinadas a personas de esta etnia.

■ El programa **Mujeres Mayores** está enfocado a mujeres mayores de 45 años en desempleo. Consiste en un reciclaje profesional a través de la formación. Este programa se lleva a cabo en colaboración con la FEUP (Federación Española de Universidades Populares).

Actividades

5. Realice un esquema de los sistemas de apoyo específicos para mujeres en materia laboral.
6. Visite la página web del Instituto de las Mujeres. Localice los programas de inserción laboral y complemente con información que considere relevante el esquema que ha realizado en la actividad anterior.

Aplicación práctica

Suponga que colabora en una asociación de mujeres de su localidad a la que acuden desempleadas solicitando orientación laboral. Indique qué programas de orientación laboral sugeriría en cada caso:

a. Mujer de 50 años que no ha trabajado nunca antes.
b. Mujer de etnia gitana cuyo contrato laboral ha terminado.
c. Mujer que acaba de salir de una institución penitenciaria.
d. Mujer con la condición de víctima de violencia de género reconocida.
e. Mujer de nacionalidad extranjera.
f. Mujer madre de familia monoparental.
g. Mujer residente en un pueblo.

Continúa en página siguiente >>

<< Viene de página anterior

SOLUCIÓN

Serían los siguientes:

a. Programa CLARA y programa SARA-mujeres mayores.
b. Programa CLARA y programa SARA-mujeres pertenecientes a minorías étnicas.
c. Programa CLARA.
d. Programa de inserción sociolaboral para mujeres víctimas de violencia de género.
e. Programa CLARA y programa SARA-mujeres migrantes. Si la persona además perteneciera a una minoría étnica se le podría sugerir también el programa de minorías étnicas.
f. Programa CLARA.
g. Programa AURORA.

---

7. Identificación y manejo de normativa vigente en esta materia

La principal normativa en materia laboral es el **Estatuto de los Trabajadores** (Real Decreto Legislativo 2/2015, de 23 de octubre, por el que se aprueba el texto refundido de la Ley del Estatuto de los Trabajadores), donde se regulan los derechos y obligaciones de las personas trabajadoras en todos los aspectos del empleo.

Además, cada sector empresarial (o grupo de empresas) tiene un **Convenio Colectivo,** un acuerdo entre las personas empleadas y el empresariado en el que se fijan las condiciones de trabajo y productividad. En los convenios colectivos se deciden las medidas que se van a tomar en materia de igualdad de oportunidades y las implantaciones de los planes de igualdad.

La **Ley Orgánica 3/2007, de 22 de marzo, para la igualdad efectiva de mujeres y hombres** representa la normativa vigente en materia laboral significativa para la detección de situaciones de desigualdad entre los dos sexos.

En dicha ley se regulan los Programas de mejora de la empleabilidad de las mujeres (art. 42), los Planes de igualdad en las empresas (art. 45) y su negociación en los convenios colectivos (art. 43).

Los Programas de mejora de empleabilidad de las mujeres tienen como objetivo aumentar la participación de las mujeres en el mercado laboral, potenciando el nivel formativo y la adaptabilidad a las exigencias del mercado de trabajo. Los Programas de inserción laboral activa abarcarán todos los niveles educativos y todas las edades y se podrán destinar a determinados colectivos de mujeres o contemplar una determinada proporción de mujeres para fomentar la presencia femenina.

Mediante la negociación colectiva en las empresas se podrán establecer medidas de acción positiva para favorecer el acceso, permanencia y promoción de las mujeres en el empleo.

Los Planes de igualdad de las empresas son un conjunto de medidas que tienen como objetivo alcanzar la igualdad de trato y de oportunidades entre mujeres y hombres, así como eliminar cualquier tipo de discriminación por razón de sexo.

Las empresas de más de 50 personas empleadas tienen la obligación de elaborar e implantar un plan de igualdad, según la Ley Orgánica 3/2007, de 22 de marzo. También estarán obligadas las empresas que lo establezcan en sus convenios colectivos. Para el resto de empresas, los planes de igualdad tienen carácter voluntario. Se debe garantizar el acceso de los trabajadores y las trabajadoras a la información sobre los planes de igualdad y sus contenidos.

En la Ley Orgánica 3/2007, de 22 de marzo, para la igualdad efectiva de mujeres y hombres, se establece que el Gobierno diseñará y aplicará los Planes Estratégicos de Igualdad de Oportunidades. Estos son el instrumento con el que el Gobierno define los elementos y medidas prioritarias, con la finalidad de eliminar cualquier discriminación por razón de sexo y alcanzar la igualdad de oportunidades entre mujeres y hombres. Existen los Planes Estratégicos a nivel nacional y a nivel autonómico.

El III Plan Estratégico para la Igualdad Efectiva de Mujeres y Hombres 2022-2025 (PEIEMH) está estructurado en cuatro ejes principales: Buen gobierno; Economía para la vida y reparto justo de la riqueza; Hacia la garantía de vidas libres de violencia machista contra las mujeres; y Un país con derechos efectivos para las mujeres.

El segundo eje persigue como objetivo estratégico preservar el acceso igualitario a los recursos. Las líneas de actuación que se incluyen en el plan, en este sentido, van encaminadas a:

- Crear un mercado laboral en igualdad de condiciones para las mujeres y con calidad.
- Identificar y dar a conocer el derecho al cuidado para conseguir una organización social justa de los cuidados y los tiempos.
- Luchar contra la pobreza y precariedad femenina.
- Avanzar hacia entornos sostenibles.

Para atender estas necesidades, en el Plan se exponen los objetivos específicos, las líneas de actuación y las medidas que se tomarán.

Con la aplicación y respecto a las normas reguladas en la Ley 15/2022, de 12 de julio, integral para la igualdad de trato y la no discriminación, se garantiza y promueve este derecho fundamental y la dignidad igualitaria entre mujeres y hombres.

8. Los planes de igualdad en empresas y organizaciones

Las empresas, y cualquier tipo de organización, pueden tomar medidas de intervención encaminadas a fomentar la igualdad de oportunidades y eliminar las discriminaciones de sexo. Estas medidas son los planes de igualdad.

El artículo 46 de la Ley de Igualdad de Oportunidades entre mujeres y hombres define qué es un plan de igualdad de la siguiente manera:

Los planes de igualdad de las empresas son un conjunto ordenado de medidas, adoptadas después de realizar un diagnóstico de situación, tendentes a alcanzar en la empresa la igualdad de trato y de oportunidades entre mujeres y hombres y a eliminar la discriminación por razón de sexo.

Los planes de igualdad se proponen alcanzar unos objetivos respecto a la igualdad de oportunidades, teniendo en cuenta la situación de partida de la empresa en la materia.

? Sabía que...

Las empresas con más de 50 personas empleadas tienen la obligación de implantar un plan de igualdad, según normativa. En el caso de no hacerlo, se exponen a la pérdida de ayudas, bonificaciones o cualquier otra prestación de los programas de empleo. Las empresas que no cumplan con las obligaciones que en materia de igualdad establece el Estatuto de los Trabajadores pueden ser sancionadas económicamente: en su grado mínimo, de 751 a 1.500 €, en su grado medio de 1.501 a 3.750 € y en su grado máximo de 3.751 a 7.500 €; pero, sobre todo, se arriesgan a perder todas las ayudas y bonificaciones.

Para conocer el punto de partida de la empresa u organización se realiza un **diagnóstico con perspectiva de género,** realizando un análisis sobre el papel de mujeres y hombres en la empresa u organización. Los indicadores del grado de igualdad de oportunidades en una empresa u organización son los siguientes:

- Diferencias entre mujeres y hombres.
- Grado de masculinización o feminización en las estructuras de la organización.
- Existencia de segregación horizontal o vertical en la distribución de los puestos.
- Sobrecualificación masculina o femenina.

Para realizar este **diagnóstico con perspectiva de género** se deben valorar los siguientes aspectos:

- **Características de la plantilla:** datos generales, edades, tipo de contrato, antigüedad, categorías profesionales, salarios, incorporaciones y bajas. Todo desagregado por sexo.
- **Características de los procesos selectivos:** qué sistemas de reclutamiento utiliza la empresa y si son discriminatorios en algún aspecto que no esté relacionado con los méritos personales.

- **Promoción:** qué sistema se usa para el ascenso y promoción de las personas de la plantilla y cómo afecta a mujeres y hombres.
- **Formación:** qué tipos de formaciones se han impartido y si han llegado proporcionalmente a mujeres y hombres en la empresa.
- **Políticas salariales:** quiénes reciben las mayores retribuciones y por qué motivos relacionados con el género.
- **Ordenación del tiempo de trabajo y conciliación:** qué políticas de conciliación y corresponsabilidad ha adoptado la empresa y si beneficia a ambos sexos por igual.
- **Comunicación:** en qué momentos la empresa realiza una comunicación con las personas empleadas. Valorar si este tiempo es suficiente y si hace falta una mayor comunicación para atender las necesidades de género.
- **Política social:** qué valores sociales se promueven desde la empresa y si integra los valores de igualdad de oportunidades.
- **Representatividad** de trabajadores y trabajadoras en los puestos de coordinación.
- **Prevención del acoso sexual:** qué políticas tiene la empresa u organización sobre acoso sexual y el acoso por razón de sexo; examinar si existe un protocolo de actuación y si las personas empleadas lo conocen.
- **Riesgos laborales y salud laboral:** en qué medida se ha tenido en cuenta la salud de las mujeres en la toma de decisiones sobre la prevención de riesgos.
- **Mujeres en situación o riesgo de exclusión:** cuántas personas se encuentran en esta situación y qué medidas toma la empresa para compensar sus necesidades.
- **Convenio colectivo:** características del convenio en materia de igualdad; acuerdos con la plantilla sobre la toma de medidas de acción positiva.
- **Propuestas y sugerencias** de la plantilla.

Teniendo en cuenta la información obtenida en el análisis desde una perspectiva de género, se pasa a confeccionar la programación del plan de igualdad, indicando:

- **Planificación:** cuánto tiempo se va a emplear en implantar el plan de igualdad.
- **Objetivos:** qué se pretende alcanzar.

- **Acciones:** cómo se van a lograr los objetivos. Algunas de las acciones contempladas son aquellas relacionadas con el acceso al empleo, clasificación profesional, promoción y formación, retribuciones, ordenación del tiempo de trabajo, las medidas de conciliación, la prevención del acoso sexual y el acoso por razón de sexo.
- **Personas beneficiarias:** a quiénes van a ir dirigidas las acciones.
- **Recursos:** con qué se va a llevar a cabo el plan, qué recursos económicos, materiales y humanos serán necesarios.
- **Evaluación:** qué criterios se van a tomar de referencia para comprobar que se alcanzan los objetivos y en qué grado se están consiguiendo.

 Aplicación práctica

Suponga que forma parte del equipo experto en igualdad de una empresa de *telemarketing*. Realice un breve diagnóstico de género, teniendo en cuenta los siguientes datos:

I Se trata de un *call center,* que se dedica a la venta de servicios de telefonía móvil e internet. En dicha empresa hay 500 personas empleadas como teleoperadoras, de las cuales 400 son mujeres y 100 son hombres. Hay 80 personas empleadas como coordinadoras, un puesto de nivel superior al de teleoperadoras, y con un salario mayor, de las cuales 60 son hombres y 20 son mujeres.

I La empresa tiene dos formularios para los procesos selectivos, diferentes para hombres y mujeres: en el formulario para mujeres se les pregunta por su estado civil y el número de hijos o hijas.

I Las personas teleoperadoras pueden promocionar a un puesto superior, el de coordinadora, realizando unos cursos de especialización. Al último curso realizado asistieron 10 mujeres y 40 hombres.

I En la empresa se trabaja por turnos rotativos: una semana de mañana, otra de tarde y otra de noche. Los turnos son invariables y las personas empleadas no tienen opción de quedarse siempre en el mismo horario.

I La dirección de la empresa se comunica con las personas teleoperadoras a través de sus coordinadores y coordinadoras como único medio, siendo esta comunicación unidireccional, es decir, que coordinadores y coordinadoras no recogen las peticiones de las personas empleadas. Solo existe un buzón en el que dejar quejas y sugerencias.

I A pesar de que la empresa tiene más de 250 personas empleadas, el diagnóstico que está usted realizando es la primera medida que se toma en materia de igualdad de oportunidades.

Continúa en página siguiente >>

<< Viene de página anterior

I La empresa suele utilizar el contrato temporal sistemáticamente y recientemente no ha renovado el contrato a varias mujeres que se han quedado embarazadas. Así mismo, se han dado dos casos de acoso sexual que, aunque son conocidos por la plantilla, no han sido denunciados.

I Las mujeres embarazadas que trabajan como teleoperadoras lo hacen en su puesto de trabajo habitual, pasando muchas horas junto al ordenador y utilizando teléfonos móviles de forma continuada.

I En la plantilla de teleoperadoras hay personas en riesgo de exclusión social, mujeres que son el único sustento de familias en las que el resto de las personas están desempleadas. También existen mujeres víctimas de violencia de género. Pero la empresa no tiene conocimiento de quiénes son ni de sus circunstancias.

I La plantilla nunca ha recibido formación en materia de igualdad de oportunidades ni ha participado nunca en ningún convenio colectivo de medidas de igualdad para la empresa.

SOLUCIÓN

El diagnóstico de género de la empresa de *telemarketing,* de forma resumida, sería el siguiente:

I Características de la plantilla:

  I 500 personas teleoperadoras (400 mujeres y 100 hombres).
  I 80 personas coordinadoras (60 hombres, 20 mujeres).

I Características de los procesos selectivos: existe una discriminación de género al preguntarle a las mujeres por el número de hijos o hijas y su estado civil en el formulario.

I Promoción: utiliza un sistema de formación para promocionar a las personas teleoperadoras, pero asisten menos las mujeres que los hombres.

I Formación: en el último proceso formativo hubo una infrarrepresentación de mujeres.

I Políticas salariales: las personas coordinadoras cobran más que las teleoperadoras, y resulta que la mayoría de las personas de esta categoría son hombres.

I Ordenación del tiempo de trabajo y conciliación: los turnos rotativos no tienen en cuenta las necesidades de conciliación y, ya que la mayoría de la plantilla son mujeres, se puede decir que no se tienen en cuenta sus necesidades.

I Comunicación: el sistema es unidireccional, por lo que la empresa no se ocupa de recoger las opiniones de las personas empleadas. Un buzón de sugerencias y reclamaciones no es suficiente.

I Política social: la empresa no tiene plan de igualdad y no ha impartido ninguna formación en materia de igualdad de oportunidades, por lo que carece de una política social al respecto. Que a varias mujeres no se les haya renovado el contrato a causa de la maternidad confirma que la empresa no tiene una política social basada en la igualdad de oportunidades.

Continúa en página siguiente >>

<< Viene de página anterior

▍ Representatividad: la mayoría de personas en puestos de coordinación son varones y la mujer está infrarrepresentada.

▍ Prevención del acoso sexual: ha habido dos casos de acoso sexual que no han sido denunciados, por lo que no existe una política clara, ni un protocolo, ni las personas empleadas están informadas acerca de sus derechos y obligaciones.

▍ Riesgos laborales y salud laboral: que haya mujeres embarazadas en contacto continuo con teléfonos móviles y otras tecnologías durante largas jornadas indica que no se han tenido en cuenta las necesidades específicas de las mujeres.

▍ Mujeres en situación o riesgo de exclusión: la empresa no tiene conocimiento de cuántas mujeres hay en esta situación, por lo que es imposible que haya tomado medidas al respecto.

▍ Convenio colectivo: no existe convenio colectivo, ya que no existe plan de igualdad ni ha habido un diagnóstico previo.

▍ Propuestas y sugerencias de la plantilla: no las ha habido porque no tienen medios para hacerlas, ni ha habido convenio colectivo en el que pudieran participar con sus opiniones.

9. Integración de la perspectiva de género en un proceso de acompañamiento en la búsqueda de empleo

La orientación laboral desde una perspectiva de género es un proceso que sirve para esclarecer las motivaciones, expectativas y percepciones que tienen las mujeres sobre el mercado laboral. Es un proceso pedagógico en el que las mujeres conocerán sus posibilidades y capacidades; adquirirán habilidades y competencias y saldrán empoderadas para afrontar la búsqueda de empleo en un mercado laboral exigente.

Las personas orientadoras no tienen las soluciones a los problemas de las personas a las que orientan, pero son agentes que facilitan el camino para que las personas encuentren sus propias soluciones a través del empoderamiento y la adquisición de información y herramientas.

La inclusión de la perspectiva de género en un proceso de acompañamiento en la búsqueda de empleo debe incluir los siguientes procesos:

■ Aplicar un enfoque integral que tenga en cuenta todos los factores que influyen en la empleabilidad de las mujeres.

- Valorar los efectos que el género tiene en la búsqueda de empleo.
- Aplicar actuaciones de refuerzo, fomentando el desarrollo de habilidades como la autoestima, la gestión del tiempo, la motivación.
- Informar sobre los recursos específicos para mujeres.
- Realizar actividades de intermediación laboral dirigidas a dar a conocer a las usuarias en empresas locales y romper las percepciones estereotipadas que pudiera presentar el empresariado.

 Sabía que...

El Observatorio de Igualdad y Empleo, de Fundación Mujeres, analiza desde la perspectiva de género la evolución y las necesidades de la actividad laboral femenina en España. También ofrece recursos para mejorar la empleabilidad de las mujeres.

El PAEM es el Programa de Apoyo Empresarial a Mujeres, desde el cual se proporciona información, asesoramiento y orientación profesional a mujeres emprendedoras. También se las deriva a entidades financieras si presentan proyectos empresariales viables para solicitar financiación.

Se puede acceder al programa a través de su Red de Gabinetes de Apoyo Técnico, que tiene puntos de información en más de 50 Cámaras de Comercio y otros lugares de atención en el territorio nacional. Además dispone de un servicio de información y asesoramiento a través de internet público y gratuito, disponible en el portal web de la Cámara de Comercio <https://empresarias.camara.es>.

El Punto de Atención al Emprendimiento (Red PAE) es un sistema de información que ofrece asesoramiento sobre los trámites necesarios para establecer determinadas sociedades mercantiles, permitiendo realizar todas las gestiones necesarias de forma telemática.

Aplicación práctica

Suponga que sigue trabajando en la asociación a la que se presentan mujeres solicitando orientación laboral. Usted orienta y asesora respecto a recursos específicos para mujeres. En este caso se trata de una mujer que quiere abrir una escuela de yoga y solicita información para hacerse autónoma. ¿Qué recursos le daría a conocer para que abriera su negocio?

SOLUCIÓN

Sería recomendable que la mujer accediera al PAEM (Programa de Apoyo Empresarial a Mujeres) pues desde allí se le va a proporcionar información detallada sobre los pasos a seguir y, si tiene un plan viable de negocio, la derivarán a una entidad bancaria donde pueda solicitar financiación para su proyecto. La mujer emprendedora también puede informarse por sí misma en el portal web de la Cámara de Comercio (http://empresarias.camara.es) accediendo al programa PAEM, e investigar cuál es la manera de proceder. En la página web también podrá localizar el punto de información del PAEM más cercano a su lugar de residencia. Una vez que esté asesorada, desde el PAEM le pueden gestionar los trámites necesarios para constituir una empresa o hacerse trabajadora autónoma. También puede visitar la página web del PAE (Punto de Atención al Emprendimiento) desde donde también puede realizar estos trámites de forma telemática.

Actividades

7. Visite el servicio de información y asesoramiento online del PAEM (Programa de Apoyo Empresarial a Mujeres) y localice el punto de información más cercano a su domicilio.

10. Resumen

A lo largo de este capítulo se ha expuesto cómo la división sexual del trabajo influye en el acceso de las mujeres al mercado laboral, especialmente a los cargos de alta dirección.

Ser mujer es un riesgo de vulnerabilidad, por lo que las mujeres en riesgo de exclusión social sufren múltiples discriminaciones. Son necesarios sistemas de apoyo específicos que impulsen su acceso al mercado laboral.

Para atender las necesidades específicas de las mujeres es necesario introducir la perspectiva de género en la organización de las empresas y en los procesos de acompañamiento en la búsqueda de empleo.

Los planes de igualdad de las empresas sirven para detectar situaciones de discriminación y desigualdad entre mujeres y hombres; persiguen realizar un plan que tenga como finalidad eliminar estas diferencias a través de medidas específicas y garantizar la participación de las personas empleadas a través de la negociación colectiva.

Ejercicios de repaso y autoevaluación

1. **El concepto trabajo se refiere a:**

   a. Exclusivamente, las actividades que son retribuidas económicamente.
   b. Las actividades que producen bienes y servicios para su intercambio por una remuneración o una ayuda.
   c. Las actividades que producen bienes y servicios, para uso propio o para su intercambio por una remuneración o una ayuda.
   d. Las actividades que producen bienes y servicios bajo un contrato laboral.

2. **Explique qué es la división sexual del trabajo.**

   _____
   _____
   _____
   _____
   _____
   _____
   _____
   _____

3. **Indique las diferencias entre el trabajo productivo y el trabajo reproductivo.**

   _____
   _____
   _____
   _____
   _____
   _____
   _____
   _____

4. **Seleccione la opción correcta:**

   a. El aumento de la presencia de la mujer en el ámbito formativo ha supuesto un aumento equivalente en altos cargos directivos.
   b. El aumento de la presencia de la mujer en el ámbito formativo no ha supuesto un aumento equivalente en altos cargos directivos.

c. La disminución de la presencia de la mujer en el ámbito formativo ha supuesto un descenso equivalente en altos cargos directivos.

d. La disminución de la presencia de la mujer en el ámbito formativo no ha supuesto un descenso equivalente en altos cargos directivos.

5. **Indique los colectivos de mujeres con especiales dificultades para acceder al empleo.**

_____

_____

_____

_____

_____

_____

_____

6. **Complete la siguiente oración.**

Las empresas con más de _____ personas empleadas tienen la obligación de diseñar e implantar un plan de _____ conforme a los plazos establecidos en la normativa.

7. **De las siguientes opciones, indique cuál es la correcta:**

a. Existe una relación directa entre la presencia femenina en puestos de alta dirección y resultados empresariales negativos.

b. Existe una relación directa entre la presencia femenina en puestos de alta dirección y resultados empresariales positivos.

c. No existe una relación directa entre la presencia femenina en puestos de alta dirección y resultados empresariales positivos.

d. Existe una relación directa entre la infrarrepresentación femenina en puestos de alta dirección y resultados empresariales positivos.

8. ¿Son los estereotipos de género un obstáculo para la promoción de las mujeres a altos cargos directivos? Justifique la respuesta.

_____

_____

_____

_____

9. De las siguientes frases, indique cuál es verdadera o falsa:

a. La división sexual del trabajo sitúa a las mujeres en una situación de dependencia económica del hombre.

☐ Verdadero
☐ Falso

b. La división sexual del trabajo no implica una división de saberes.

☐ Verdadero
☐ Falso

c. A principios del siglo XX las mujeres en España no trabajaban fuera del hogar.

☐ Verdadero
☐ Falso

10. ¿Cuáles son los principales factores que influyen en la promoción de las mujeres a altos cargos directivos?

_____

_____

_____

_____

_____

_____

_____

Capítulo 6

Elementos estructurales que determinan situaciones de violencia de género

Contenido

1. Introducción

El sistema patriarcal ejerce muchos tipos de violencia hacia las mujeres con la finalidad de mantenerlas sometidas y dominadas, fomentando el abuso físico, espiritual, material y social. Reconocer estas violencias es el paso fundamental para combatirlas y apoyar a las víctimas.

Las mujeres víctimas del sistema patriarcal sufren violencia de sus parejas; son víctimas en el tráfico de personas y en la trata con fines de explotación sexual y laboral; son obligadas a prostituirse; sufren acoso en el trabajo y son acosadas por ser mujeres; son violadas; son mutiladas.

El delito de violencia de género en pareja fue introducido en España en el año 2004 a través de la Ley Orgánica 1/2004, de 28 de diciembre, de Medidas de Protección Integral contra la Violencia de Género. El reconocimiento como delito de las agresiones que sufren las mujeres, por parte de sus parejas agresores, supone un avance sin precedentes en la historia.

Los equipos de profesionales en materia de igualdad deben saber reconocer las situaciones de violencia de género para poder sacarlas a la luz y acompañar a las mujeres víctimas en el proceso de denuncia.

2. Identificación de las características del sistema patriarcal que inciden en la violencia ejercida contra las mujeres

El sistema patriarcal condiciona socioculturalmente al género masculino y femenino, situando a las mujeres en una posición de subordinación con respecto a los hombres. Esta subordinación se manifiesta en diferentes formas de violencia hacia las mujeres, que son manifestadas en tres ámbitos de las relaciones de las personas: maltrato en el medio familiar, agresión sexual en la vida en sociedad y acoso en el trabajo.

Las conductas agresivas de las personas tienen un componente instrumental, es decir, tienen un objetivo o finalidad. Las personas pueden presentar conductas agresivas y violentas por múltiples motivos. Por ejemplo, las guerras tienen un objetivo económico o político; un robo con uso de la fuerza tiene una finalidad delictiva.

Pero en el caso de la agresión a las mujeres no existe un objetivo material concreto; lo que se pretende es mantener la posición de superioridad de los hombres y de subordinación de las mujeres.

A continuación, se exponen los diferentes tipos de violencia que viven las mujeres en la sociedad, determinadas por el sistema patriarcal:

■ **Violencia física:** es toda acción realizada voluntariamente que provoque o pueda provocar daños o lesiones físicas en las mujeres que la padecen.

Campaña general contra la violencia de género 2023

■ **Violencia sexual:** es cualquier atentado contra la libertad sexual de la mujer, a la que se obliga a soportar actos sexuales en contra de su voluntad. Incluye cualquier acto o expresión sexual que pueda atentar contra su integridad física o afectiva; forzar a la mujer a mantener relaciones sexuales, pero también las bromas, expresiones groseras y comentarios desagradables de índole sexual y en definitiva cualquier propuesta sexual indeseable como el acoso y las relaciones humillantes o dolorosas.

- **Violencia psicológica:** se refiere a cualquier acción, de carácter verbal o económico, que pueda provocar daño psicológico en las mujeres o influya sobre su capacidad de decisión.

    Incluye el uso de mecanismos de control y comunicación que atentan contra la integridad psicológica, el bienestar y la autoestima, tanto en público como en privado: actos denigrantes y de desprecio; comentarios sobre el físico, humillaciones; crearle mala reputación, difamarla; limitar el espacio vital y las relaciones con las demás personas; insultos, amenazas o intimidaciones; chantaje emocional.

- **Violencia económica:** es la desigualdad en el acceso a los recursos económicos y a las propiedades compartidas con el fin de generar dependencia económica. Incluye la negación por parte de la pareja al patrimonio y dinero en común y negar los derechos de la propiedad de bienes.

- **Violencia estructural:** son las barreras intangibles e invisibles que impiden el acceso de las mujeres a sus derechos básicos, como la negación a la información sobre sus derechos fundamentales y las relaciones de poder que las mantienen subordinadas.

- **Violencia espiritual:** significa la negación y destrucción de las creencias culturales o religiosas de las mujeres a través del castigo y la imposición de sistemas de creencias no elegidas personalmente.

- **Violencia política o institucional:** es la violencia social a través de un doble código en el que, por un lado, se lucha contra la violencia hacia la mujer mientras que, por otra parte, se legitiman formas de violencia a través de las instituciones cuando no se desarrollan políticas de igualdad de oportunidades o no se protege a las mujeres de la violencia machista.

- **Violencia simbólica:** son los mecanismos socializadores del patriarcado, que invisibilizan a las mujeres en los textos, el cine o la publicidad, fomentando solo aquellos roles beneficiosos al patriarcado, es decir, los roles y estereotipos de género.

- **Violencia social:** se da cuando se infravalora la posición social de las mujeres, desvalorizando su imagen y adjudicándoles estereotipos de género que niegan su identidad y valor personal.

Sabía que...

El Observatorio de la Violencia de Género pone a disposición del público información relacionada con la violencia contra las mujeres: informes, estudios, estadísticas, indicadores, noticias.

La Ley Orgánica 10/2022, de 6 de septiembre, de garantía integral de la libertad sexual recoge entre sus objetivos, la eliminación de cualquier tipo de violencia sexual, incluida la violencia de género. Su finalidad radica en la implementación de políticas por parte de las administraciones públicas para garantizar la prevención, detección y sanción de las mismas.

Aplicación práctica

Clasifique los siguientes tipos de violencia:

a. Un marido agrede a su esposa en el transcurso de una discusión.
b. En un libro de texto no aparece ningún personaje femenino.
c. Un jefe insulta a su secretaria.
d. Un marido no permite que su esposa disponga de dinero para realizar un curso.
e. Un agresor obliga a una mujer a tener relaciones sexuales en contra de su voluntad.
f. Una trabajadora es acosada sexualmente en su empresa, pero no existe un protocolo en el que apoyarse para denunciar el suceso.

SOLUCIÓN

a. Violencia física y psicológica.
b. Violencia simbólica.
c. Violencia psicológica.
d. Violencia económica.
e. Violencia sexual.
f. Violencia sexual, psicológica y estructural.

3. Caracterización de la violencia de género

Según la "Declaración sobre la eliminación de la violencia contra la mujer",
de la Asamblea General 48/104, ONU, (Organización de las Naciones Unidas),
1993, la violencia contra las mujeres es:

*Todo acto de violencia basado en la pertenencia al sexo femenino que tenga o pueda
tener como resultado un daño físico, sexual o psicológico para la mujer, así como las
amenazas de tales actos, la coacción o la privación arbitraria de la libertad, tanto si se
producen en la vida pública como en la vida privada.*

Este concepto incluye la violencia física, sexual y psicológica; los abusos
como la violencia relacionada con la dote; los abusos sexuales de los maridos;
la mutilación genital; las violaciones; la explotación sexual; el acoso y el hos-
tigamiento; la intimidación sexual en las organizaciones; la trata de mujeres y
la prostitución forzada; la violencia ejercida por el Estado y las instituciones.

3.1. Violencia machista

La violencia machista es aquel tipo de violencia realizada hacia las mujeres
por razón de sexo, basándose en los valores patriarcales hegemónicos que sitúan a la mujer en situación de inferioridad.

Se pueden distinguir dos conceptos de violencia machista: el concepto social y el concepto del delito de violencia de género recogido en la ley española,
determinado por la Ley Orgánica 1/2004, de 28 de diciembre, de Medidas de
Protección Integral contra la Violencia de Género.

El concepto social se refiere a cualquier violencia ejercida hacia las mujeres
por razón de sexo basada en principios discriminatorios y patriarcales.

El concepto de violencia de género de la Ley Orgánica 1/2004 determina
lo que la ley entiende como un delito de violencia de género, en su artículo
primero:

1. La presente Ley tiene por objeto actuar contra la violencia que, como manifestación de la discriminación, la situación de desigualdad y las relaciones de poder de los hombres sobre las mujeres, se ejerce sobre estas por parte de quienes sean o hayan sido sus cónyuges o de quienes estén o hayan estado ligados a ellas por relaciones similares de afectividad, aun sin convivencia.

[...]

3. La violencia de género a que se refiere la presente Ley comprende todo acto de violencia física y psicológica, incluidas las agresiones a la libertad sexual, las amenazas, las coacciones o la privación arbitraria de libertad.

4. La violencia de género a que se refiere esta Ley también comprende la violencia que con el objetivo de causar perjuicio o daño a las mujeres se ejerza sobre sus familiares o allegados menores de edad por parte de las personas indicadas en el apartado primero.

La Ley Orgánica 1/2004 determina que el delito de violencia de género es aquel que se refiere a las violencias que sufren las mujeres, por razón de sexo y como manifestación de dominio, por parte de los hombres con los que tienen o hayan tenido relaciones sentimentales.

Esto incluye cónyuges y excónyuges (maridos y parejas de hecho), novios y exnovios, y otros tipos de relaciones sentimentales (por ejemplo, relaciones informales en las que las personas tienen relaciones sexuales o sentimentales).

Para que se considere que hay delito no importa si las personas conviven juntas o no (por ejemplo, novio y novia que no viven juntos). Para considerar un delito de violencia de género es determinante que haya una relación de afectividad.

 Sabía que...

El Portal Estadístico de la Delegación del Gobierno contra la Violencia de Género es una herramienta que el ministerio pone a disposición pública para consultar las estadísticas en esta materia.

Ejemplo

Un hombre y una mujer, que no se conocen, discuten en la calle por un incidente de tráfico y el hombre, aprovechando su mayor fuerza física, agrede a la mujer. Podríamos pensar que se trata de violencia de género, pero no es el delito de violencia de género que recoge la ley. Este caso se trataría como un delito de agresión. Sin embargo, si se produjera la misma circunstancia, pero el agresor y la mujer mantienen una relación afectiva (pareja, expareja, análoga relación) se está hablando de un posible delito de violencia de género, ya que el juez/jueza debería, además, apreciar una situación de sometimiento del varón a la mujer. Entonces la pena por la agresión en la pareja sería mayor que en el caso del hombre y la mujer que no se conocen.

Las violencias por motivos de género están penadas más fuertemente que otros tipos de agresiones.

Para que la ley considere un delito de violencia de género, el autor debe ser un hombre y la víctima una mujer; deben tener o haber tenido una relación sentimental o de similar afectividad y el acto de violencia debe ser la manifestación de una discriminación del hombre hacia la mujer, evidenciándose en el acto una situación de desigualdad.

Sabía que...

Para conocer datos estadísticos relativos a los delitos de violencia de género que ocurren en España se puede recurrir a las Estadísticas de Violencia de Género del Poder Judicial.

 **Recuerde**

El delito de violencia de género está recogido en la Ley Orgánica 1/2004, de 28 de diciembre, de Medidas de Protección Integral contra la Violencia de Género.

Desde muchos sectores se critica esta ley, con el argumento de que es muy discutible el agravamiento de las penas.

Se critica que un bofetón o un empujón, en el curso de una discusión, sin existir antecedentes de malos tratos, pueda recibir la pena de hasta un año de prisión por ser considerada violencia de género; sobre todo cuando fuera del contexto de las relaciones sentimentales tiene una pena mucho menor. Solo se puede entender esta valoración si se conecta con el fenómeno de una posible escalada de violencia, como riesgo futuro de una situación de malos tratos habituales e incluso de homicidio, es decir, responde a la peligrosidad criminal futura. La idea parece ser reprimir con penas desproporcionadas cualquier conducta que pudiera propiciar a largo plazo un homicidio.

Con la publicación de la Ley de garantía integral de la libertad sexual, se adaptan determinados artículos de la Ley Orgánica 1/2004, de 28 de diciembre, para cumplir con el Pacto de Estado contra la violencia de género.

 Aplicación práctica

Indique, de los siguientes casos, cuáles son considerados delitos según la Ley Orgánica 1/2004 de 28 de diciembre, de Medidas de Protección Integral contra la Violencia de Género:

a. Un hombre agrede a su vecina en una discusión por el recibo de la luz.
b. Un hombre que tiene relaciones sexuales de forma esporádica con su vecina, la agrede en una discusión personal.

Continúa en página siguiente >>

<< Viene de página anterior

c. Un hombre agrede a su exnovia, ya no eran novios desde hace 6 meses.

d. Un hombre agrede a su exnovia, él tiene una novia nueva.

e. Un hombre escribe correos electrónicos obscenos y amenazantes a una mujer que ha conocido por internet.

f. Un hombre escribe correos electrónicos obscenos y amenazantes a su exmujer.

g. Un marido no le da dinero a su esposa, que es ama de casa y no trabaja fuera del hogar.

SOLUCIÓN

a. Es una agresión tal cual, no es un delito de violencia de género.

b. Es un delito de violencia de género.

c. Es un delito de violencia de género.

d. Es un delito de violencia de género.

e. No es delito de violencia de género.

f. Es un delito de violencia de género.

g. No es un delito de violencia de género.

El ciclo de la violencia

No existe un solo factor que explique la violencia de género en pareja porque es un fenómeno muy complejo, pero para comprender mejor a las mujeres víctimas hay que reconocer que pasan por un proceso psicológico que conlleva gran confusión. Este proceso psicológico está influenciado por las fases que viven como víctimas, es "el ciclo de la violencia", y explica por qué, frecuentemente, mujeres que son agredidas por sus parejas se mantienen en la relación. Cuando la mujer pasa varias veces por este ciclo entra en el llamado "síndrome de la mujer maltratada", caracterizado por una gran confusión mezclada con sentimientos de apego, que le dificultan o impiden alejarse de su agresor. Muchas veces las mujeres pueden vivir reiteradamente el ciclo durante años. Tiene tres fases, claramente definidas, que se explican a continuación

1ª Fase: Formación

Dura un periodo relativamente largo: días, semanas e incluso meses. Durante este tiempo el agresor va volviéndose cada vez más susceptible y conflictivo, se va acumulando la tensión. En este periodo realiza agresiones psicológicas, amenazas y puede que alguna agresión física como empujones o golpes no muy contundentes.

En esta fase, ante el aumento gradual de la tensión en el agresor, la mujer hace todo lo posible por contenerlo, satisfacerlo y no molestarlo por el temor a una agresión fuerte. Esto genera en la mujer un comportamiento sumiso en el cual es posible que ella misma llegue incluso a justificar, minimizar o negar lo sucedido para evitar así una respuesta con mayores consecuencias.

2ª Fase: Agresión o explosión

Esta fase dura poco, minutos u horas, y es cuando se produce el episodio violento en el que el agresor descarga la tensión acumulada en la primera fase y que finaliza cuando considera que la mujer ha aprendido la lección. La mujer tolera la violencia porque espera que acabe pronto y no llegue a mayores. Puede que la mujer, al terminar de ser agredida, entre en un estado de incredulidad, de conmoción. Cuanto más antigua es la relación de violencia, más frecuentes y peligrosas son las agresiones. El agresor justificará su comportamiento culpando a las insignificantes molestias que ocurrieron en la primera fase y culpará a la mujer por lo sucedido o a otros factores, como la bebida o al exceso de trabajo.

3ª Fase: Reconciliación o luna de miel

Dura un tiempo indeterminado, pero mientras más veces se pasa por el ciclo de la violencia, más corta es esta fase. Es un periodo de calma en el que el hombre se asusta porque tal vez la mujer lo abandone, así que dirá o hará cualquier cosa para que le perdone: se comporta bien, le hace regalos, se arrepiente, le pide perdón, le pide otra oportunidad, le promete que cambiará e incluso que buscará ayuda de un profesional.

El maltratador puede llegar a creer que será capaz de controlarse; que la mujer ya ha "aprendido la lección" y que no volverá a comportarse de tal manera que él se sienta "obligado" a darle una lección. La víctima puede llegar a creer que él cambiará, que no se pondrá violento de nuevo: que fue un mal día, que él no pudo controlarse, que ha sido algo puntual o esporádico. Todos estos pensamientos serán reforzados por los nuevos y buenos comportamientos de él.

Actividades

1. Realice un esquema del ciclo de la violencia.

Después de la reconciliación, comienza el ciclo de nuevo, lo que lleva a la mujer a entrar en un estado de gran confusión, que le dificulta a reconocerse como víctima: un estado en el que se autoculpa de la situación y en el que siente gran dependencia emocional hacia su agresor, quien, a través de la violencia, va minando su autoestima y la va desempoderando.

Características del agresor

No existe ningún dato específico ni típico de la personalidad de los agresores. Constituyen un grupo muy heterogéneo que solo comparten tres características: el agresor es varón, tiene una relación sentimental con la víctima y presenta un pensamiento misógino.

El agresor no es una persona enferma, no tiene una patología, puede que fuera de la relación de pareja sea una persona simpática y amigable. Existen hombres con patologías que agravan sus comportamientos, pero la mayoría de los maltratadores son hombres sanos con conductas agresivas, dominantes y misóginas.

No hay un patrón. Hay agresores en todos los estratos socioeconómicos, de cualquier nivel educativo, no existe un modelo ni siquiera por edad: hay desde agresores adolescentes hasta ancianos. Sí tienen en común el mismo conflicto: cuando se produce una ruptura de la mujer con su dominio masculino. Una de las etapas más peligrosas para una mujer víctima es justo cuando rompe su vínculo con el agresor, por ejemplo en la separación o el divorcio, y en esta fase las mujeres deben estar protegidas y acompañadas porque puede ser el momento en el que el hombre cometa el último acto de violencia hacia ella: el homicidio.

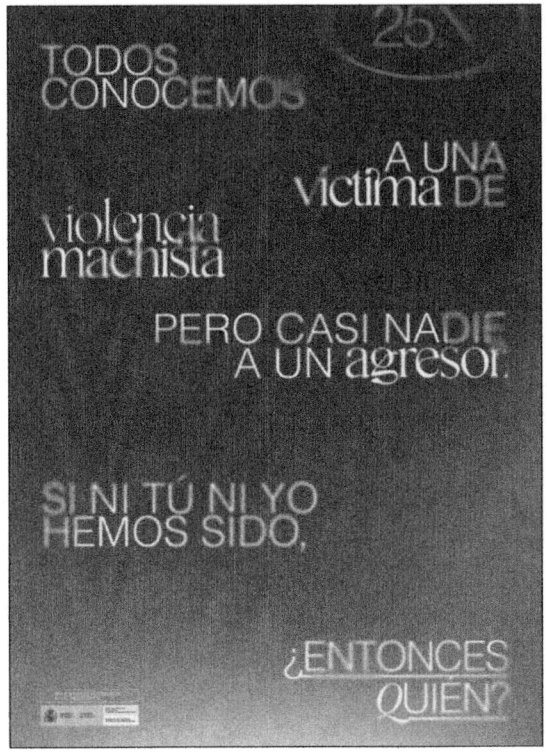

Campaña contra la violencia de género 2022 enfocada hacia la identificación del agresor

Los homicidios de mujeres a manos de sus agresores repiten ciertos patrones: los agresores llevan a cabo la agresión final en lugares públicos; cuando se produce la separación y quieren matar a la mujer la esperan a la puerta de la casa, a la puerta del trabajo, a la puerta de la guardería, a la puerta del colegio y la matan en la calle. Frecuentemente se autolesionan, a veces se suicidan después del homicidio. Como es un crimen que ellos justifican, no tienen la necesidad de esconderse; generalmente se entregan y actúan de manera impune ante la vista de muchos testigos.

 **Actividades**

2. Describa con sus propias palabras al agresor en violencia de género.

3.2. Violencia doméstica

El delito de violencia de género se refiere a las agresiones en pareja, llevadas a cabo por los hombres hacia las mujeres; la violencia doméstica está tipificada como delito y se refiere a aquella que sucede en el hogar.

Ley Orgánica 10/1995, de 23 de noviembre, del Código Penal, tipifica específicamente en qué consiste la violencia doméstica en España:

Artículo 173.2. [...] violencia física o psíquica sobre quien sea o haya sido su cónyuge o sobre persona que esté o haya estado ligada a él por una análoga relación de afectividad aun sin convivencia, o sobre los descendientes, ascendientes o hermanos por naturaleza, adopción o afinidad, propios o del cónyuge o conviviente, o sobre los menores o personas con discapacidad necesitadas de especial protección que con él convivan o que se hallen sujetos a la potestad, tutela, curatela, acogimiento o guarda de hecho del cónyuge o conviviente, o sobre persona amparada en cualquier otra relación por la que se encuentre integrada en el núcleo de su convivencia familiar, así como sobre las personas que por su especial vulnerabilidad se encuentran sometidas a custodia o guarda en centros públicos o privados [...].

La violencia doméstica la pueden ejercer hombres o mujeres hacia otros miembros de la familia, incluidas la pareja o cónyuge. En el caso de la agresión de un hombre a su pareja mujer dentro del núcleo familiar resulta difícil distinguir entre violencia de género y violencia doméstica. La diferencia está en el uso de la violencia como forma de sometimiento del hombre hacia la mujer.

3.3. Tráfico

A grandes rasgos, el tráfico de personas es el acto de facilitar la entrada ilegal de una persona en un país del que no es nacional o residente permanente, con el objetivo de obtener un beneficio económico.

La diferencia con la trata de personas consiste en que el objetivo de la facilitación del movimiento a inmigrantes tiene como fin una explotación posterior, que dará beneficio, clasificándose en trata con fines de explotación laboral y trata con fines de explotación sexual, aunque el concepto de trata considera otros delitos como el comercio ilícito de órganos.

En el tráfico de personas son las propias personas inmigrantes las que buscan a traficantes para que les ayuden en su proceso migratorio ilegal. Generalmente, la relación entre las personas inmigrantes y las personas traficantes termina una vez que las inmigrantes llegan a su destino. Las situaciones de violencia están provocadas por relaciones desiguales de poder entre inmigrantes y traficantes, pero no son producto de una explotación posterior.

El tráfico de personas incluye el facilitar el cruce fronterizo y la entrada al país, la falsificación de documentos y la obtención de permisos a través de la falsedad.

3.4. Trata

Tradicionalmente se ha hablado mucho de la trata de blancas, pero es un fenómeno mundial que afecta a mujeres, hombres, niños y niñas de todos los continentes.

La trata de personas es el reclutamiento, transporte, traslado y recepción de personas, utilizando como medio la fuerza y otras formas de coacción como el rapto, el fraude, el engaño o el abuso de poder. La trata tiene como finalidad explotar a las personas una vez que llegan a su destino, pudiendo ser explotación laboral o explotación sexual: la prostitución forzada y otras formas de abuso sexual como la explotación pornográfica, la pornografía infantil, el trabajo y los servicios forzados, la esclavitud, la servidumbre y la extracción de órganos.

Campaña contra la explotación sexual

El tráfico de personas puede realizarse en condiciones precarias y duras, pero implica el consentimiento de las personas inmigrantes en abandonar el país de origen y comenzar un proceso migratorio.

En el caso de la trata no existe consentimiento y si inicialmente se dio fue bajo engaños, coacción o amenazas.

 Ejemplo

Una de las formas de captación de mujeres por parte de las mafias de prostitución es el engaño a través de un novio falso. La mujer es seducida por un integrante de la mafia, que le propone viajar a otro país para trabajar y prosperar. Ella no sabe que su novio forma parte de una red de trata de mujeres y emigra a otro país. Cuando llega a su destino es obligada a prostituirse bajo la amenaza de que se dañará a su familia. En principio ella prestó su consentimiento, pero fue bajo un engaño.

El tráfico es siempre transnacional, mientras que la trata no tiene por qué serlo. Cuando sucede dentro de un mismo país o dentro de Europa se llama trata interna.

 Sabía que...

Se estima que las mafias ganan entre 6.500 y 9.000 millones de euros al año en el mundo a través de la trata de mujeres y menores con fines de explotación sexual.

En múltiples casos, las personas víctimas de trata son seducidas y caen en una trampa debido a falsas promesas, una información errónea o incompleta sobre las regulaciones migratorias o actúan llevadas por la desesperación económica o la violencia extrema.

 Sabía que...

Aproximadamente 4.000.000 de mujeres y niñas son compradas y vendidas mundialmente, con el objeto de forzarlas a la prostitución, la esclavitud o el matrimonio.

La Ley Orgánica 10/2022, de 6 de septiembre, regula en su articulado el establecimiento, por parte de las administraciones públicas, de medidas y campañas para prevenir la trata de mujeres con fines de explotación sexual, así como protocolos de actuación.

3.5. Prostitución

En España el ejercicio de la prostitución no es ilegal, pero tampoco está regulado. La prostitución es legal entendida como una transacción comercial en la que la persona que ejerce la prostitución ofrece un servicio sexual y la persona que es cliente le paga por dicho servicio. La ley castiga duramente que se lucre una tercera persona, llamada proxeneta. El proxenetismo está tipificado como delito muy grave.

 Sabía que...

Se estima que más del 99 % de los consumidores de prostitución son hombres.

La legislación española no considera la prostitución como constitutiva de delito; sí son delito las situaciones relativas a la prostitución que suponen una limitación de la libertad sexual de la víctima o el aprovechamiento de su situación de vulnerabilidad, así como la prostitución de menores o personas incapaces. Se refiere tanto a la prostitución femenina como a la masculina. Aunque el ejercicio de la prostitución no está penado, en muchas ciudades se están imponiendo ordenanzas que multan a clientes o multan a quienes ejercen la prostitución cerca de colegios y otros espacios públicos.

 Actividades

3. Busque una ciudad en la que haya una ordenanza municipal acerca del ejercicio de la prostitución. ¿Qué medidas toma?

El negocio de la prostitución es el segundo negocio mundial más lucrativo, tras el tráfico de armas y antes que el tráfico de drogas.

 Sabía que...

Los españoles gastan entre 5 y 8 millones de euros diarios en prostitución: la explotación sexual genera más de 3.000 millones al año en España. Solo en anuncios en prensa el negocio mueve 40 millones anualmente.

Tipos de prostitución

Los motivos por los que las personas ejercen la prostitución son muy diversos, pero se pueden identificar cuatro trayectorias diferentes y cuatro situaciones de prostitución diferenciadas socialmente:

- **Prostitución de riesgo:** se trata de mujeres, muchas bastante jóvenes, en diversas situaciones de riesgo (consumo de drogas, VIH-sida) que ejercen la prostitución para conseguir los recursos básicos para cubrir las necesidades derivadas de su situación. Habitualmente se trata de mujeres dedicadas a la prostitución de calle, con muchos riesgos y ganando muy poco dinero.
- **Prostitución como única salida:** se trata de mujeres de mediana edad que ejercen la prostitución como única alternativa viable para mantenerse, incluso de mujeres divorciadas sin recursos económicos ni capital educativo o viudas jóvenes en situación de dificultad. Se dedican sobre todo a contactos en pisos privados, en muchas ocasiones son sus propias residencias y también están presentes en clubs y calle. La mayoría son mujeres inmigrantes con un proyecto migratorio fallido, que no han encontrado alternativa laboral y que acaban prostituyéndose.
- **Prostitución forzada de inmigrantes:** incluye las mujeres que ejercen la prostitución porque se encuentran en situación de ilegalidad y/o están controladas por las mafias.

Estos tres grupos, a veces combinados, son los que se refieren a mujeres que se pueden clasificar como víctimas de la prostitución, por tratarse de grupos muy vulnerables.

■ **Prostitución como actividad económica:** la ejercen mujeres con recursos económicos y sociales, que no están en situación de riesgo, y en ocasiones con recursos educativos que les permitirían cambiar de actividad económica, pero que optan por esta actividad. Este grupo se dedica a trabajar en clubs y pisos-club, a domicilio y en hoteles.

3.6. Acoso sexual y acoso por razón de sexo

Reconocer el acoso sexual y el acoso por razón de sexo es determinante para que puedan ser denunciados. El acoso sexual lo constituyen aquellas conductas y comportamientos molestos de naturaleza sexual. Se considera acoso cuando la persona que recibe estos comportamientos no los desea y la convierten en víctima de la persona acosadora.

 Ejemplo

En una empresa, el gerente le pide citas reiteradamente a una empleada, a pesar de que ella le ha dicho que no está interesada. Diariamente trabajan juntos y no cesa de pedirle citas. Ella no puede cambiar su espacio de trabajo y tiene que soportar sus insinuaciones. Es un caso de acoso sexual.

El acoso por razón de sexo sucede cuando las actitudes y conductas molestas son motivadas por el sexo de la víctima.

Ejemplo

Una empresa quiere despedir a una mujer que acaba de incorporarse de la baja maternal, pero como es ilegal despedirla por este motivo, la molestan para que ella misma decida irse. Este sería un caso de acoso por razón de sexo.

Atendiendo a su gravedad, se puede categorizar el acoso sexual en el trabajo en tres grupos:

- **Acoso leve:** son los chistes de contenido sexual; los piropos y comentarios sexuales sobre las trabajadoras; el pedir citas de forma reiterada; el acercamiento excesivo y la invasión del espacio personal; las miradas y gestos insinuantes.
- **Acoso grave:** son las insinuaciones sexuales, solicitar relaciones sexuales, hacer preguntas sobre la vida sexual.
- **Acoso muy grave:** son los tocamientos no deseados, abrazos, besos, pellizcos; acorralar a la víctima; presionar para tener relaciones sexuales; chantajear con el despido si no se tienen relaciones sexuales; el abuso sexual.

Todas estas actuaciones pueden ser denunciadas en las empresas, quienes tienen la obligación de despedir a acosadores y denunciar cuando el acoso sea delito.

3.7. Violación

Se denomina violación a aquellas agresiones en las que se fuerza a una persona a tener relaciones sexuales en contra de su voluntad. Según la ONU (Organización de Naciones Unidas), las violaciones son aquellas agresiones que implican penetración física, con coacción, en los genitales o el ano, realizadas con el pene, otras partes del cuerpo o con objetos.

La Ley Orgánica 10/2022, de 6 de septiembre, define las violencias sexuales como "cualquier acto de naturaleza sexual no consentido o que condicione el libre desarrollo de la vida sexual en cualquier ámbito público o privado, incluyendo el ámbito digital".

Las violaciones pueden suceder en cualquier lugar y situación. Pueden cometerlas hombres extraños en lugares apartados, pero un porcentaje muy alto de violadores son familiares o conocidos de las víctimas, especialmente en las violaciones a menores, en las que los violadores abusan de su situación de poder y llevan a cabo la agresión sexual en espacios comunes o familiares.

Las víctimas de las violaciones son mujeres, menores y también hombres. Es una agresión estrechamente relacionada con el género dado que la mayoría de los violadores son varones. Tradicionalmente se ha alertado a las mujeres para que se prevengan de los violadores tomando medidas de precaución como evitar situaciones supuestamente peligrosas, aprender autodefensa, llevar un arma o un silbato, no salir solas. Este es el legado del sistema patriarcal, que se centra en prevenir a la mujer, inculcándole el miedo, limitando su autonomía, en lugar de educar a la sociedad. Las medidas de precaución para protegerse de los violadores son válidas, pero la verdadera herramienta de prevención de la violación es la educación en valores de igualdad y respeto, para que las mujeres no sean valoradas como objetos que puedan ser poseídos y alejando a los varones de discursos misóginos y de odio. Esta sensibilización social es reforzada por duras y efectivas medidas judiciales contra los violadores y una formación específica en materia de violencia de género para los cuerpos policiales y sanitarios.

 Sabía que...

Cada año en España se cometen más de 6.000 delitos de abuso, acoso y agresión sexual.

3.8. Mutilación genital femenina

Hasta hace muy poco tiempo no se ha considerado violencia de género la mutilación genital femenina. Es una práctica relacionada con el control del cuerpo y de la sexualidad de las mujeres, amparada en la creencia de que aumenta el placer masculino y que mantiene a la mujer fiel. Provoca que la mujer no tenga placer en las relaciones sexuales o que las relaciones sean dolorosas y difíciles. Niega el placer a la mujer y solo le aporta sufrimiento y complicaciones de salud. Es practicada por diversas comunidades con creencias musulmanas, cristianas, judías y animistas. También es conocida como ablación, pero el término mutilación genital femenina está más indicado al expresar la amputación y el cercenamiento.

Según se establece en el art. 3 de la Ley de garantía integral de la libertad sexual, se considera a la mutilación genital femenina como violencia sexual, incluyéndose, por ello, en el ámbito de aplicación de dicha norma.

La mutilación genital femenina se clasifica en cuatro tipos principales:

- **Clitoridectomía:** resección parcial o total del clítoris y, en casos muy infrecuentes, solo del prepucio (pliegue de piel que rodea el clítoris).
- **Escisión:** resección parcial o total del clítoris y los labios menores, con o sin escisión de los labios mayores.
- **Infibulación:** estrechamiento de la abertura vaginal para crear un sello mediante el corte y la recolocación de los labios menores o mayores, con o sin resección del clítoris.
- **Otros:** todos los demás procedimientos lesivos de los genitales externos con fines no médicos, tales como la perforación, incisión, raspado o cauterización de la zona genital.

Tipos de mutilación genital femenina

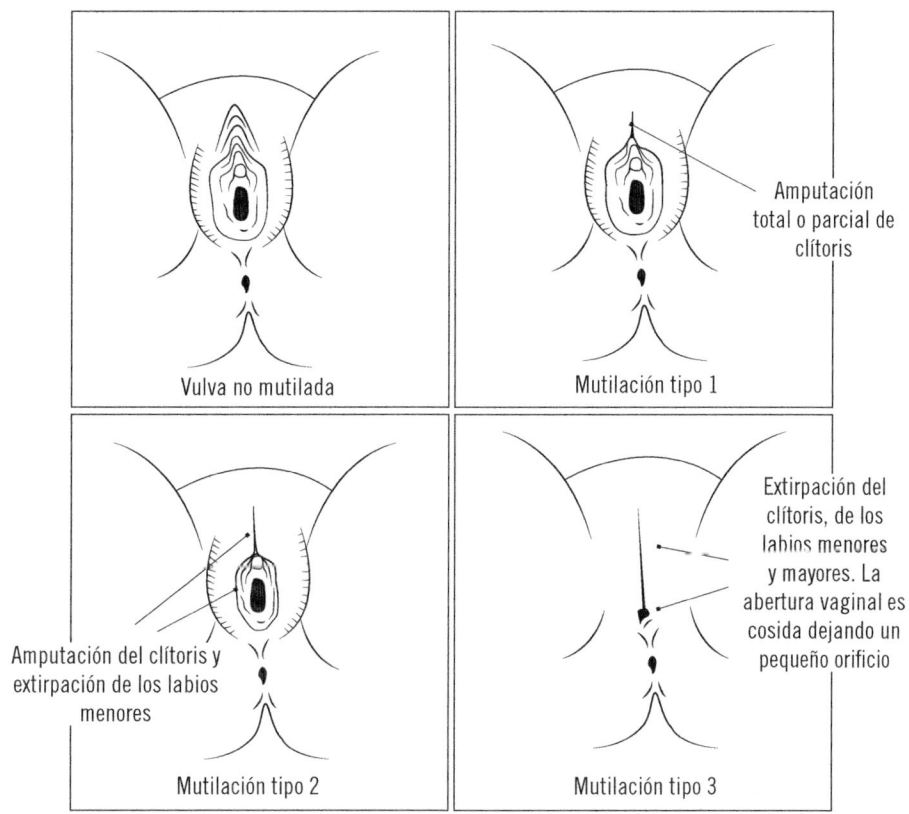

Vulva no mutilada

Mutilación tipo 1

Amputación total o parcial de clítoris

Mutilación tipo 2

Amputación del clítoris y extirpación de los labios menores

Mutilación tipo 3

Extirpación del clítoris, de los labios menores y mayores. La abertura vaginal es cosida dejando un pequeño orificio

? Sabía que...

Desde 2003, el 6 de febrero es el día mundial de tolerancia cero hacia la mutilación genital femenina.

La mutilación genital femenina se realiza en el contexto de la comunidad, amparada en una serie de falsas creencias sociales. La hacen las mujeres de la comunidad a las niñas, generalmente en espacios antihigiénicos y con herramientas no quirúrgicas, incluso usando el mismo cuchillo o estilete con muchas personas.

En muchas comunidades se considera un rito de entrada a la edad adulta; sin embargo, se realiza en edades muy tempranas, desde lactantes hasta los 15 años, para evitar complicaciones legales y minimizar la resistencia de las niñas.

Es un delito realizar la mutilación genital femenina en España y tiene graves penas de prisión. También es delito realizarla en otro país si las niñas están regularizadas como ciudadanas españolas.

 Sabía que...

En España 17.000 niñas están en riesgo de sufrir mutilación genital femenina y 140.000.000 de mujeres y niñas la sufren en la actualidad en todo el mundo.

La mutilación genital femenina a menudo está motivada por creencias acerca de lo que se considera un comportamiento sexual adecuado: se piensa que la mujer mutilada será fiel y mantendrá el honor de la familia. También se cree que reduce la libido femenina, "ayudando" a la mujer a resistirse a los actos sexuales fuera del matrimonio.

 Sabía que...

Cuando se estrecha o cubre la abertura vaginal se dificulta físicamente que la mujer tenga relaciones sexuales prematrimoniales. Posteriormente se necesita un doloroso procedimiento para reabrir la vagina y permitir el coito. Frecuentemente lo vuelven a cerrar y repiten el procedimiento de reabrirlo para el parto.

En cuanto a la salud, en las comunidades en las que se practica este tipo de mutilación se piensa, erróneamente, que hace a las mujeres más fértiles, que facilita el parto, que si el bebé al nacer toca el clítoris puede morir y que las mujeres no mutiladas son impuras. También se da la creencia de que si no se recortan los labios vaginales, estos podrían crecer hasta fagocitar al pene.

La mutilación genital femenina no es el equivalente a la circuncisión masculina: tienen motivaciones y efectos muy diferentes. La mutilación es un motivo de dolor y sufrimiento e impide el placer de la mujer; puede provocar enfermedades, quistes, infecciones, problemas urinarios, graves hemorragias, además de complicar el parto y poner en riesgo la salud del bebé y de la madre.

 Actividades

4. Localice una ONG que realice intervención social o sensibilización sobre la mutilación genital femenina en España. ¿Qué actuaciones lleva a cabo? ¿A quiénes van dirigidas las actuaciones?

4. Reconocimiento de las principales consecuencias de la violencia de género

Las agresiones tienen graves consecuencias para las mujeres víctimas en todas las dimensiones de su vida. Algunas de ellas son:

■ **Consecuencias sobre la salud física y la integridad de la persona:** las mujeres pueden ser víctima de la agresión final, homicidio; también son víctimas de lesiones, enfermedades de transmisión sexual, embarazos no deseados, problemas ginecológicos, abortos o problemas para el feto en caso de estar embarazada.

- **Consecuencias para la salud mental:** las mujeres pueden verse afectadas mentalmente por el maltrato psicológico o por el daño emocional de recibir agresiones físicas. Estas consecuencias se manifiestan en cuadros de ansiedad y depresión, trastornos por estrés postraumático y trastornos de la conducta alimentaria.
- **Consecuencias para la salud social:** las mujeres víctimas de agresores pueden sufrir un estigma social, el de la mujer maltratada; pueden sentir aislamiento si no están apoyadas por la familia, la sociedad y los estamentos; se sienten desvalorizadas y torturadas; pueden tener dificultades para disfrutar de una vida plena, realizarse íntegramente y establecer relaciones sociales.

5. Instrumentos para la intervención en materia de violencia de género

El colectivo de profesionales en materia de igualdad tiene a su disposición tres instrumentos fundamentales para intervenir en el fenómeno de la violencia de género: la intervención directa con las mujeres víctimas, asesorándolas en el proceso de denuncia de su agresor y en el acceso al apoyo institucional; la prevención de la violencia y la sensibilización de la sociedad sobre la gravedad del fenómeno y, como tercer instrumento, la educación de jóvenes en valores igualitarios.

 Nota

La Ley Orgánica 10/2022, de 6 de septiembre, de garantía integral de la libertad sexual, se debe tener en cuenta en el desarrollo de medidas intervencionistas en materia de violencia de género.

5.1. Intervención directa

Las personas profesionales en materia de igualdad deben conocer los procedimientos para denunciar la violencia de género. Apoyar a las mujeres en su denuncia hacia los agresores es fundamental y para ello es necesario conocer los pasos que se deben seguir.

En caso de que la mujer decida denunciar a su agresor tras un episodio de malos tratos, tiene a su disposición una serie de teléfonos de emergencia donde puede llamar para que le ayuden:

- 112 - Número de emergencias
- 016 - Atención a víctimas de violencia de género
- 091 - Policía Nacional
- 062 - Guardia Civil

Se puede acudir, como primer paso, al hospital o centro sanitario más cercano y desde allí se pondrán en contacto con los cuerpos policiales.

En el caso de que se acuda a un cuerpo policial y haya lesiones físicas, agentes de la policía o Guardia Civil acompañarán a la mujer al centro sanitario para que sea atendida. Desde allí se redacta un parte médico de lesiones que será utilizado para la denuncia. Seguidamente la mujer es acompañada a la comisaría o cuartel más cercano para que ponga dicha denuncia. En ese momento se informará a la víctima sobre los recursos disponibles para su caso concreto y, en el caso de que la mujer no pueda regresar a su domicilio o no tenga dónde ir, será derivada a una casa de acogida o un centro de emergencia. Si la mujer necesita volver a su casa a por sus cosas pero teme por su seguridad, agentes policiales la acompañarán.

Una vez que la mujer ha puesto la denuncia, se le asigna abogado o abogada y el presunto agresor es detenido. La mujer recibe atención médica, psicológica y social. La policía toma declaración a la víctima y al presunto agresor y en las 72 h siguientes se declara ante el juez o la jueza, que escucha los testimonios y estudia el informe policial y el médico. El magistrado o la magistrada dicta sentencia, y si el acusado está de acuerdo con dicha sentencia, tendrá una rebaja de 1/3 en su condena.

Si la víctima considera que corre peligro su integridad, puede solicitar una Orden de Protección, que puede ser una orden de alejamiento, la prisión provisional, la retirada de armas y otras medidas si el juez o la jueza lo consideran oportuno, como la prohibición de comunicación y la determinación del régimen de custodia, visitas, comunicación y estancia con hijos e hijas en común. Estas medidas se resuelven antes de 72 h.

Algunas ayudas sociales para las víctimas tienen como requisito que se haya solicitado la Orden de Protección. Las ayudas sociales que pueden recibir las víctimas de violencia de género son:

- Subsidio por desempleo para personas víctimas de violencia de género o sexual.
- Ayuda económica del art. 27 de la Ley Orgánica 1/2004, de 28 de diciembre, de Medidas de Protección Integral contra la Violencia de Género.
- Acceso a viviendas protegidas y residencias públicas para personas mayores.
- Derechos laborales y de la Seguridad Social.
- Solicitud de residencia para víctimas inmigrantes en situación irregular, que será otorgada solo en caso de que se condene al agresor.

La WRAP (web de recursos de apoyo y prevención ante casos de violencia de género) de la Delegación del Gobierno contra la violencia de género, pone a disposición del público los recursos disponibles en España en materia de violencia de género, agrupados por Comunidades Autónomas, provincias y municipios. Los recursos que muestra son servicios de información y asesoramiento para mujeres víctima de violencia de género, asociaciones de mujeres, atención policial, juzgados, asesoramiento legal, ONG y otras organizaciones.

 Actividades

5. Visite la página web de la Guardia Civil. ¿Cuándo y cómo se debe denunciar una agresión de violencia de género?

Prevención y sensibilización

Desde las organizaciones se pueden llevar a cabo actuaciones con la finalidad de prevenir y sensibilizar acerca de la gravedad del fenómeno de la violencia de género. La prevención se realiza a través de la difusión de información y la sensibilización a través de campañas. Los mensajes que se emitan en las campañas de sensibilización deben tener los siguientes objetivos:

- Contrarrestar cualquier justificación de la violencia de género.
- Visualizar la existencia, el origen y las consecuencias de la violencia hacia las mujeres.
- Concienciar de que la violencia contra las mujeres es un problema social.
- Fomentar la implicación en la lucha contra la violencia de género.
- Romper la pasividad del entorno, hacer que las personas individuales sean parte del cambio participando en las acciones y teniendo iniciativas.
- Ofrecer esperanza, promover la idea de que el cambio y la recuperación son posibles.
- Romper la invisibilidad de las víctimas, animándolas a denunciar y a no tener miedo.
- Desmotivar a los maltratadores haciéndoles ver que la sociedad no los tolera y que la ley los persigue.
- Sensibilizar a los hombres para que sean partícipes del cambio y construyan modelos de masculinidad igualitarios con las mujeres.
- Mostrar y proponer modelos igualitarios y positivos de las relaciones sentimentales.

Educación

Intervenir en las nuevas generaciones promocionando valores igualitarios es el instrumento para construir un futuro más justo con las mujeres y en el que no haya espacio para la violencia de género.

La coeducación y la intervención educativa deben incluir entre sus objetivos el fomento del respeto a los derechos humanos y la condena de toda forma de violencia. El colectivo de profesionales en materia de igualdad de oportunidades debe realizar actividades en las que se enseñe a identificar los prejuicios y los estereotipos de género para que dejen de perpetuarse. La educación en valores y el trabajo cooperativo fomenta en jóvenes un acercamiento entre sexos en situaciones de corresponsabilidad y solidaridad. Se debe trabajar la resolución de conflictos a través del diálogo y la comprensión de las situaciones de desigualdad que las mujeres viven en la sociedad.

6. Resumen

En una sociedad en la que la mujer sufre tantos tipos de violencia es imprescindible la labor de las personas profesionales en materia de igualdad, que tienen la obligación de reconocer, denunciar e intervenir: reconocer los tipos de violencia y por qué la sufren las mujeres; denunciar la grave injusticia y el daño que viven las víctimas a través de la sensibilización y la educación; intervenir con las mujeres dándoles apoyo ante los delitos de violencia y promoviendo el rechazo social hacia los maltratadores.

Las sociedades democráticas se esfuerzan, cada vez más, en la lucha contra la violencia hacia las mujeres, una violencia que durante mucho tiempo no ha sido cuestionada y que las estructuras patriarcales han apoyado a través del estigma, la discriminación y el miedo.

El delito de violencia de género recogido en la Ley Orgánica 1/2004, de 28 de diciembre, de Medidas de Protección Integral contra la Violencia de Género, ha permitido que la violencia en pareja, que ha estado oculta en el seno del hogar y la familia, salga a la luz y se convierta en un asunto público y que los maltratadores puedan ser tratados como delincuentes ante la ley.

Intervención, prevención y sensibilización, y educación son los instrumentos que pueden provocar el cambio social. Intervención directa en el presente, con las mujeres que necesitan apoyo; prevención y sensibilización, junto con la educación, para cambiar el futuro.

Ejercicios de repaso y autoevaluación

1. **El ciclo de la violencia consta de tres fases, que son:**

    a. 1ª Fase: Agresión. 2ª Fase: Reconciliación. 3ªFase: Luna de miel.
    b. 1ª Fase: Explosión. 2ª Fase: Reconciliación. 3ªFase: Explosión.
    c. 1ª Fase: Formación. 2ª Fase: Agresión. 3ªFase: Reconciliación.
    d. 1ª Fase: Luna de miel. 2ª Fase: Formación. 3ªFase: Agresión.

2. **¿Qué violencias incluye la definición de violencia hacia las mujeres de la ONU (Organización de Naciones Unidas)?**

    _____
    _____
    _____
    _____
    _____
    _____
    _____

3. **Complete la frase.**

    La mutilación genital femenina le niega a la mujer el_____.

4. **En violencia de género en pareja, ¿cuál es el perfil del agresor?**

    a. Varón enfermo que no sabe lo que hace.
    b. Varón, sin ningún tipo de relación con la víctima y presenta un pensamiento misógino.
    c. Varón, tiene o ha tenido una relación sentimental con la víctima y presenta un pensamiento misógino.
    d. Varón, tiene o ha tenido una relación sentimental con la víctima y bajo nivel socioeconómico.

5. Explique qué consecuencias tiene en la salud la mutilación genital femenina.

_____

_____

_____

_____

6. Indique qué consecuencias tiene, para la salud mental de las mujeres, la violencia de género.

_____

_____

_____

_____

7. Indique los teléfonos a los que se puede llamar en caso de agresión.

_____

_____

_____

_____

8. De las siguientes frases, indique cuál es verdadera o falsa:

    a. La trata de mujeres tiene como finalidad una explotación posterior.

        ☐ Verdadero
        ☐ Falso

    b. En España la prostitución es ilegal.

        ☐ Verdadero
        ☐ Falso

    c. El acoso por razón de sexo sucede cuando las actitudes y conductas molestas tienen como objetivo tener relaciones sexuales.

        ☐ Verdadero
        ☐ Falso

9. Defina el concepto de violencia de género según la Ley Orgánica 1/2004.

_____

_____

_____

_____

10. ¿Cuál es uno de los momentos más peligrosos para la mujer víctima de agresiones
por parte de su pareja?

_____

_____

_____

_____

Glosario

Acciones positivas

Aquellas acciones y medidas dirigidas a mujeres, con las que se pretende suprimir y prevenir una discriminación o compensar las desventajas causadas por actitudes, comportamientos y estructuras socioeconómicas.

Acoso por razón de sexo

Actitudes y conductas molestas motivadas por el sexo de la víctima.

Acoso sexual

Aquellas conductas y comportamientos molestos de naturaleza sexual. Se considera acoso cuando la persona que recibe estos comportamientos no los desea y la convierten en víctima de la persona acosadora.

Análisis de impacto de género

Evaluación de los efectos que producen o producirán las políticas, los programas o las intervenciones respecto a las situaciones de desigualdad por motivos de género.

Androcentrismo

Perspectiva desde la cual el hombre es el modelo de referencia para interpretar la realidad. La perspectiva androcéntrica excluye a la mujer.

Brecha de género

Utilizada para conocer la diferencia entre tasas o porcentajes femeninos y masculinos. Como su nombre indica, "brecha", es la distancia que hay entre hombres y mujeres en una misma categoría. Se mide en puntos porcentuales

Fórmula: Brecha de Género = % Mujeres - % Hombres

Coeducación

Educación conjunta de hombres y mujeres, tomando como referencia la importancia de las diferencias sociales y sexuales entre niños y niñas. Incorpora la dimensión de género y reconoce la diversidad de género como diversidad cultural.

Conciliación

Necesidad que tienen las personas de poder compaginar el empleo con las obligaciones del hogar, las responsabilidades familiares y el tiempo libre. Es llamada conciliación de la vida personal, familiar y laboral.

Corresponsabilidad

Repartir, de forma justa y equilibrada, las tareas del hogar y las responsabilidades familiares entre todos los miembros del núcleo familiar; pareja, hijos e hijas y otros miembros

Datos primarios
Son aquellos datos producidos por la propia persona que investiga. Recolecta una información determinada, obteniéndola por sus propios medios.

Datos secundarios
Son aquellos datos que ya han sido recogidos por otras personas o instituciones.

Democracia paritaria
Sistema de gobierno que representa a hombres y mujeres por igual, partiendo de la idea de que si las mujeres son la mitad de la ciudadanía deben ser así mismo la mitad de sus representantes.

Discriminación directa
Aquellas situaciones en las que las personas sufren discriminación por el mero hecho de ser hombre o mujer. Son consideradas discriminaciones directas por razón de sexo.

Discriminación indirecta
Discriminación de un sexo a través de disposiciones, prácticas o criterios que, aunque puedan parecer neutros, causan situaciones discriminatorias, posicionando a un sexo en desventaja del otro.

Discriminación múltiple o convergente
Aquella situación en la que una persona sufre un trato discriminatorio por más de una razón. No significa la suma de todas las causas que provocan la discriminación, sino que es más bien la interacción de dichas causas.

Discriminación positiva o inversa
Aquella medida dirigida a un grupo determinado, con la finalidad de erradicar o prevenir una discriminación o compensar las desventajas.

División sexual del trabajo
Sistema de trabajo que impone roles y tareas a las personas según su sexo; esta división sexual sitúa a las mujeres en el espacio privado, realizando tareas domésticas, de cuidado y de crianza, mientras que a los hombres los sitúa en el empleo formal, la provisión económica de la familia y el ejercicio de la autoridad. La división sexual del trabajo también significa la prohibición de realizar las tareas que son atribuidas al otro sexo.

Fuentes primarias
Aquellas que ofrecen información sin elaboración previa, es decir, son datos sin interpretación y que se utilizan para generar nueva información o contrastar la que ya se conoce.

Fuentes secundarias
Aquellas que ofrecen información ya elaborada. Puede ser información cualitativa o cuantitativa. Son fuentes de información secundaria las estadísticas elaboradas, las publicaciones, los estudios, los libros, las revistas y cualquier información que ya haya sido procesada con una finalidad.

Empoderamiento
Proceso a través del cual las personas mejoran su capacidad para configurar y gestionar sus propias vidas y desarrollarse en un entorno. Significa una

evolución en la concienciación sobre sí mismas, su posición en la sociedad y su valor en las relaciones sociales.

Encuesta
Recogida de información utilizando un documento estandarizado.

Entrevista
Conversación entre dos o más personas en las que una es la entrevistadora y las demás son las informantes.

Espacios formales de participación
Aquellas organizaciones relacionadas directamente con el gobierno, como los propios partidos políticos, los ayuntamientos, los parlamentos. Las personas participan en estos espacios involucrándose en sus actividades o formando parte de la toma de decisiones a través de las elecciones, referéndums y otros medios

Espacios informales de participación
Aquellos espacios en los que se practica el activismo político y social. Estos espacios son organizaciones definidas por su carácter no lucrativo y por ser herramientas de conexión entre las personas, los organismos oficiales y las empresas

Estereotipo de género
Imagen preconcebida de hombres y mujeres basada exclusivamente en el sexo, no teniendo en cuenta las individualidades.
Constituye las características, rasgos y cualidades que la sociedad asigna a cada sexo: la idea, construida socialmente, sobre los comportamientos y sentimientos que deben tener hombres

y mujeres y que ha sido transmitida de generación en generación.

Feminismo
Movimiento filosófico, social y político que supone la conciencia de las mujeres como grupo social, discriminado, dominado y sometido al grupo de los varones bajo la estructura del patriarcado, lo cual mueve a las mujeres a la acción para la liberación de su sexo.

Grupo de discusión
Reunión con varias personas que representan a un grupo más grande que tiene las mismas características con el fin de obtener información sobre un asunto.

Igualdad de trato
Ausencia de discriminación. A nivel jurídico se manifiesta como el derecho a la no discriminación por razón de sexo.

Igualdad formal
Principios de igualdad de género recogidas en la ley, ante la ley y en aplicación de la ley. Es el reconocimiento jurídico de la igualdad y el derecho a la igualdad de trato. Proporciona a ambos sexos los mismos derechos, oportunidades y obligaciones.

Igualdad real o efectiva
Eliminación de discriminación de trato en cualquier ámbito. La ley impone la igualdad de trato, pero en la realidad se siguen dando discriminaciones hacia las mujeres.

Indicadores de género
Medidas que muestran, caracterizan y cuantifican las diferencias y desigualdades entre hombres y mujeres, así como el nivel de igualdad de oportuni-

dades, teniendo en cuenta el contexto social; muestran los cambios sociales en relación al género y son necesarios para evaluar y hacer un seguimiento de las políticas de igualdad.

Índice de feminidad

Se utiliza para conocer la representación de las mujeres respecto a la representación de los hombres, tomando como referencia el número de mujeres por cada 100 hombres en la misma categoría.

Fórmula índice feminidad:

$$\frac{N^o \text{ de mujeres categoría}}{N^o \text{ de hombres categoría}} \cdot 100$$

Índice de feminización

Se utiliza para conocer la representación de las mujeres respecto a la de los hombres. Muestra la relación entre el número de mujeres y hombres. Es el resultado de dividir el número de mujeres de una categoría entre el número de hombres en esa misma categoría.

Fórmula Índice de feminización:

$$\frac{N^o \text{ de mujeres categoría}}{N^o \text{ de hombres categoría}}$$

Índice de masculinización

Se realiza a la inversa que el índice de feminización, porque se analiza la presencia de hombres.

Fórmula índice de masculinización:

$$\frac{N^o \text{ de hombres categoría}}{N^o \text{ de mujeres categoría}}$$

Género

Construcción social relativa al sexo de las personas. Las culturas construyen marcos de referencia en cuanto al conjunto de ideas, creencias, representaciones y atribuciones sociales relativas a la diferencia sexual. Se refiere tanto a varones como a mujeres y es un concepto aprendido por las personas en un contexto concreto.

Machismo

Postura patriarcal que promueve la superioridad del varón y fomenta el odio hacia las mujeres y la violencia de género.

Mainstreaming de género

Reorganización, mejora, desarrollo y evaluación de los procesos políticos incluyendo la perspectiva de género a todos los niveles y en todas las etapas, involucrando a todos los agentes participantes.

Masculino genérico

Usar las palabras en masculino para representar tanto a hombres como a mujeres.

Medidas de conciliación de la vida personal, familiar y laboral

Medidas que tienen como objetivo que las personas puedan desarrollarse integralmente en todos los ámbitos de la vida: especialmente que la vida laboral no sea un obstáculo en el desarrollo vital.

Necesidades de género
Distintas necesidades de hombres y mujeres, teniendo en cuenta el rol que ocupan y en qué modo acceden a los recursos.

Necesidades estratégicas
Necesidades referidas a la igualdad de género.

Necesidades prácticas
Necesidades básicas de las personas.

Observación
Técnica que consiste en visualizar un fenómeno que se pretende estudiar. Se puede realizar a través de la observación en sí o a través de la realización de actividades en los contextos que se pretende investigar.

Patriarcado
Este concepto lo inventaron los movimientos feministas para definir el tipo de organización que tienen las sociedades, cuyos ámbitos de poder son controlados por hombres, de forma absoluta o mayoritaria. Los varones son los dirigentes en el ámbito político, económico, religioso y militar.

Perspectiva de género
Mirada crítica con la que analizar y comprender las características que definen las relaciones entre sexos, las diferencias que hay entre mujeres y hombres en el acceso a los derechos y las situaciones de desigualdad que se producen, fundamentalmente, hacia las mujeres.

Planes de igualdad en la empresa
Conjunto ordenado de medidas, adoptadas después de realizar un diagnóstico de situación, tendentes a alcanzar en la empresa la igualdad de trato y de oportunidades entre mujeres y hombres y a eliminar la discriminación por razón de sexo.

Presupuestos con perspectiva de género
Forma de distribución de los recursos económicos centrada en las personas y su calidad de vida y que tiene en cuenta que las mujeres no acceden de la misma forma que los hombres a los recursos.

Regla de la inversión
Consiste en cambiar el sexo de las personas protagonistas de una imagen y analizar si el significado del mensaje es diferente. También se puede aplicar a una palabra o expresión. Si el mensaje es diferente, se considera que la imagen, palabra o expresión es sexista.

Representación paritaria
Aquella en que mujeres y hombres están representados de una forma equilibrada, prestando especial atención a la presencia femenina.

Rol
Posición de un individuo en una estructura social organizada. Constituye las responsabilidades y privilegios propios de esa situación así como las reglas de conducta.

Roles de género
Son los roles que están determinados por el sexo dentro de la sociedad. Se sustentan en la falsa creencia de que cada sexo está orientado, por naturaleza, a

unas actividades determinadas. Para justificar esta división social de roles se han atribuido diferencias psicológicas atendiendo al sexo.

Sistema de cuotas

Forma de acción positiva. Su objetivo es garantizar una representación paritaria de hombres y mujeres para fomentar un acceso equilibrado y ecuánime a los recursos y a la toma de decisiones. Las cuotas por sexo indican la obligación de la presencia de mujeres y hombres en un porcentaje determinado y estas medidas las pueden tomar cualquier institución, empresa y organización.

Sistema sexo-género

Conjunto de relaciones establecidas entre mujeres y hombres dentro de la sociedad. Este sistema define condiciones distintas en función del sexo y asigna a mujeres y hombres diferentes roles y posiciones dentro de la sociedad. Son las normas de lo obligado, permitido y prohibido para cada género.

Socialización

Proceso a través del cual los seres humanos aprenden las maneras de pensar, sentir y comportarse, que son necesarias para participar en la sociedad.

Techo de cristal

Límite en la carrera laboral de las mujeres que no les permite seguir avanzando. Es un muro transparente, pero muy sólido, construido con actitudes y prejuicios, que impide que las mujeres asciendan a puestos de responsabilidad y prestigio social. No son reglas escritas, sino un conjunto de factores diversos, como estructuras sociales y estereotipos, que existen en las organizaciones que han sido tradicionalmente dominadas por hombres.

TIC

Tecnologías de la información y la comunicación.

Trabajo productivo

Actividades relacionadas con los ámbitos económicos, políticos y sociales, por los que se perciben prestaciones económicas. Estas actividades se desarrollan en el ámbito público.

Trabajo reproductivo

Tareas domésticas, la crianza y el cuidado de personas. Se desarrolla en el espacio privado, en el hogar.

Tráfico de personas

Acto de facilitar la entrada ilegal de una persona en un país del que no es nacional o residente permanente, con el objetivo de obtener un beneficio económico.

Trata de personas

Reclutamiento, transporte, traslado y recepción de personas, utilizando como medio la fuerza y otras formas de coacción como el rapto, el fraude, el engaño o el abuso de poder. La trata tiene como finalidad explotar a las personas una vez que llegan a su destino, pudiendo ser explotación laboral o explotación sexual: la prostitución forzada y otras formas de abuso sexual como la explotación pornográfica, la pornografía infantil, el trabajo y los servicios forzados, la esclavitud, la servidumbre y la extracción de órganos.

Sexo

Características biológicas, físicas y corporales que distinguen a hombres y mujeres. Son diferencias de carácter físico.

Violencia contra las mujeres

Todo acto de violencia basado en la pertenencia al sexo femenino que tenga o pueda tener como resultado un daño físico, sexual o psicológico para la mujer, así como las amenazas de tales actos, la coacción o la privación arbitraria de la libertad, tanto si se producen en la vida pública como en la vida privada.

Violencia de género como delito en España

Violencia que sufren las mujeres, por razón de sexo y como manifestación de dominio, por parte de los hombres con los que tienen o hayan tenido relaciones sentimentales.

Violencia económica

Desigualdad en el acceso a los recursos económicos y las propiedades compartidas con el fin de generar dependencia económica.

Violencia espiritual

Negación y destrucción de las creencias culturales o religiosas de las mujeres a través del castigo y la imposición de sistemas de creencias no elegidas personalmente.

Violencia estructural

Barreras intangibles e invisibles que impiden el acceso de las mujeres a sus derechos básicos, como la negación a la información sobre sus derechos fundamentales y las relaciones de poder que mantienen subordinadas a las mujeres.

Violencia política e institucional

Violencia social a través de un doble código en el que, por un lado, se lucha contra la violencia hacia la mujer mientras que, por otra parte, se legitiman formas de violencia a través de las instituciones cuando no se desarrollan políticas de igualdad de oportunidades o no se protege a las mujeres de la violencia machista.

Violencia psicológica

Cualquier acción, de carácter verbal o económico, que pueda provocar daño psicológico o influya sobre la capacidad de decisión.

Violencia sexual

Cualquier atentado contra la libertad sexual.

Violencia simbólica

Mecanismos socializadores del patriarcado, que invisibilizan a las mujeres en los textos, el cine o la publicidad, fomentando solo aquellos roles beneficiosos al patriarcado, es decir, los roles y estereotipos de género.

Bibliografía

Monografías

▌CENTRO DOLORS PIERA: *Recomendaciones para el uso no sexista ni androcéntrico del lenguaje y de las imágenes en los medios de comunicación.* Lleida: Universidad de Lleida. Instituto de las Mujeres. Ministerio de Igualdad, 2012.

▌COMISIONES OBRERAS (CC. OO.): *100 persistentes desigualdades de género en la realidad sociolaboral de las mujeres.* Madrid: Secretaría Confederal de la Mujer de CC. OO., 2012.

▌CONSEJO GENERAL DEL TRABAJO SOCIAL Y ASISTENTES SOCIALES: *Código Deontológico del Trabajo Social.* Madrid: [s.n.], 2020.

▌GÁLVEZ Muñoz, L. y RODRÍGUEZ Modroño, P.: *El empleo de las mujeres en la España Democrática y el impacto de la Gran Recesión.* [S.l.]: Áreas. Revista Internacional de Ciencias Sociales, 2013.

▌INSTITUTO NACIONAL DE ESTADÍSTICA (INE): *Mujeres y Hombres en España.* Madrid, 2024.

▌OBSERVATORIO DE LA IMAGEN DE LAS MUJERES: Informe Anual *Denuncias sobre contenidos publicitarios sexistas.* Madrid: Instituto de las Mujeres. Ministerio de Igualdad, 2019.

▌RED2RED CONSULTORES: *Sistema Estatal de Indicadores de Género.* Madrid: Instituto de las Mujeres. Ministerio de Igualdad, 2010.

▌ VV. AA.: *Apoyando a las Víctimas de Trata. Las necesidades de las mujeres víctimas de trata con fines de explotación sexual desde la perspectiva de las entidades especializadas y profesionales involucradas. Propuesta para la sensibilización contra la trata*. Madrid: Delegación del Gobierno contra la Violencia de Género, 2015.

▌ WALKER Leonore, E. A.: *El Síndrome de la Mujer Maltratada*. Bilbao: Desclee de Brouwer, 2012.

Textos electrónicos, bases de datos y programas informáticos

▌ Agencia Española de Protección de Datos, de: <https://www.aepd.es/es>.

▌ Fundación CEPAIM, de: <https://www.cepaim.org/>.

▌ Comisión Nacional de los Mercados y la Competencia (CNMC), de: <http://www.cnmc.es>.

▌ EUROSTAT, Estadísticas Europeas, de: <http://ec.europa.eu/eurostat.>.

▌ Federación Española de Mujeres Directivas, Ejecutivas, Profesionales y Empresarias (FEDEPE), de: <https://mujeresfedepe.com/>.

▌ Formulario de queja sobre contenido publicitario sexista. Instituto de las Mujeres, de: <http://www.inmujeres.gob.es/observatorios/observImg/quejas/home.htm.>.

▌ Gobierno Vasco. Departamento de Salud, de: <https://www.euskadi.eus/gobierno-vasco/departamento-salud/inicio/>.

▌ Instituto Nacional de Estadística, de: <http://www.ine.es>.

▌ Más igualdad en el cuidado. Más igualdad de derechos. Vídeo de ONU Mujeres América Latina y El Caribe, de: <https://www.youtube.com/watch?v=twGHef12wuI.>.

▌ Oficina de las Naciones Unidas contra la Droga y el Delito, de: <http://www.unodc.org/.>.

▌ Observatorio Andaluz de la Publicidad no Sexista. Instituto Andaluz de la Mujer, de: <http://www.juntadeandalucia.es/institutodelamujer/observatorio/web/observatorio.>.

▌ Observatorio de la Imagen de las Mujeres. Instituto de las Mujeres, de: <http://www.inmujeres.gob.es/observatorios/observImg/home.htm.>.

▌ Observatorio militar para la igualdad entre mujeres y hombres en las Fuerzas Armadas, de: <https://www.defensa.gob.es/ministerio/organigrama/subdef/omi/>.

▌ Observatorio Estatal de la Violencia sobre la Mujer, de: <https://violenciagenero.igualdad.gob.es/instituciones/observatorioestatal/>.

▌ Portal del Consejo General del Trabajo Social, de: <http://www.cgtrabajosocial.es.>.

▌ Portal Estadístico Delegación del Gobierno contra la Violencia de Género, de: <http://estadisticasviolenciagenero.igualdad.mpr.gob.es/.>.

▌ Programa de Apoyo Empresarial a Mujeres (PAEM), de: <https://empresarias.camara.es/>.

▌ Punto de Atención al Emprendimiento (Red PAE), de: <https://paeelectronico.es/es-es/Paginas/Home.aspx>.

▌ PWC. La mujer directiva en España, de: <https://www.pwc.es/es/publicaciones/gestion-empresarial/la-mujer-directiva-esp.html>.

▌ WRAP. Web de recursos de apoyo y prevención en casos de violencia de género, de: < https://wrap.igualdad.gob.es/recursos-vdg/search/Search.action>.

Legislación

▌ Ley Orgánica 1/2004, de 28 de diciembre, de Medidas de Protección Integral contra la Violencia de Género.

▌ Ley Orgánica 3/2007, de 22 de marzo, para la igualdad efectiva de mujeres y hombres.

I Ley Orgánica 10/2022, de 6 de septiembre, de garantía integral de la libertad sexual.

I Ley 15/2022, de 12 de julio, integral para la igualdad de trato y la no discriminación.

I Real Decreto Legislativo 8/2015, de 30 de octubre, por el que se aprueba el texto refundido de la Ley General de la Seguridad Social.

I Real Decreto Legislativo 2/2015, de 23 de octubre, por el que se aprueba el texto refundido de la Ley del Estatuto de los Trabajadores.